重新定义互联网电商

打造开放共享网络新生态

艾朝君◎著

对未来互联网络的一次重新定义
对固有电商模式的一次颠覆撞击

人 民 邮 电 出 版 社
北 京

图书在版编目（CIP）数据

重新定义互联网电商 ：打造开放共享网络新生态 / 艾朝君著. -- 北京 ：人民邮电出版社，2017.6
ISBN 978-7-115-45429-4

Ⅰ. ①重… Ⅱ. ①艾… Ⅲ. ①电子商务 Ⅳ. ①F713.36

中国版本图书馆CIP数据核字(2017)第075441号

内 容 提 要

作者通过对“人人电商”商业模型的拆解，把具有未来互联网发展特征的技术、模式与思维融入其中，为读者进行了全方位的展示与剖析。同时，通过贯穿始终的“人人电商”案例，介绍了一些现实的操作方法，把理论与实际结合起来，让读者能够更好地理解“人人电商”这一具备未来特征的互联网新模式。本书适合电商从业者、互联网行业人士以及对互联网电商有兴趣的读者阅读。

◆ 著　　　　艾朝君
责任编辑　赵　娟
责任印制　彭志环
◆ 人民邮电出版社出版发行　　北京市丰台区成寿寺路 11 号
邮编　100164　　电子邮件　315@ptpress.com.cn
网址　http://www.ptpress.com.cn

◆ 开本：880×1230　1/32
印张：6.5　　　　2017 年 6 月第 1 版
字数：209 千字　　2017 年 6 月北京第 1 次印刷

定价：49.80 元

读者服务热线：(010)81055488　印装质量热线：(010)81055316
反盗版热线：(010)81055315
广告经营许可证：京东工商广登字 20170147 号

推荐序

在第三届世界互联网大会上，国家主席习近平讲道："互联网发展是无国界、无边界的，利用好、发展好、治理好互联网必须深化网络空间国际合作，携手构建网络空间命运共同体。"

网络空间命运共同体的基本特征就是要实现互联互通、共享共治。而现有的互联网不是真正意义上的互联互通，因为所有人不得不造好"门窗"来警戒，唯有重新定义互联网，在保障安全的前提下，大家愿意打破门窗走出去拥抱一切才能推动社会前行。继《互联网"Σ"全球信息发展路线图》之后，艾朝君先生又推出了《重新定义互联网》这部心血之作，是对"网络空间命运共同体"的深度诠释。

互联网"Σ"计划通过裂变共享技术将全人类的利益点完美地融合到了一起，将全人类团结起来创新驱动，造福人类。这不仅仅是科技上的突破，更是哲学范畴里的大智慧！

作者艾朝君深挖虚拟经济和实体经济结合点，凭借深层次的产业思维，多年来对传统互联网及企业转型不断进行深入的探索和尝试，以"为人类服务"为宗旨，不遗余力地配合推动时代的变革、商业的进步。想要推动全球经济的发展，只有具有这种大爱思想与至高的格局，方能给出服务全人类的解决方案。

本书的内容涉及互联网的很多层面，如网络 DNA 安全、大数据的自动转化、虚拟云等，作者以电子商务为书核，把一些具有创新思维特征的技术与模式融入电子商务的模型中，创造出了一个新的、具有显著未来属性的电子商务模式。书中的一些创新之处着实令人惊讶，裂变技术、同步共享思维等都是当下互联网模型中没有被运用过的。从这一点来看，很多内容对读者是极具新鲜感的，这也是本书最大的亮点之一。

重新定义互联网是人类社会进步的必然，每个人获得生活资料甚至生产资料的多少，不再取决于货币的多少，而是信用的大小，至此，每个人的道德水平将全面升级，人类文明将进入一个新的阶段。下一个风口，必将是互联网“Σ”时代，自由人的自由联合开始实现，开放的理念根植于一切元素之中，资本和产品的流通将更加合理化、人性化，传统社会的痼疾和矛盾也将随风而逝！

尽管现在互联网的主流特征仍然是电子商务，但是电子商务只是互联网发展中的一个阶段，不是最终的目的。互联网“Σ”不属于工业革命，而是人文革命，只有文字的诞生方能与之媲美。所谓的工业革命，无非是生产力的革命，人类改造自然的能力，而今天我们来重新定义互联网则致力于智慧和信息的传播，是生产关系方面的革命。重商主义已经在 PC 时代达到顶峰，互联网“Σ”时代，必将是传统生产关系的全面解构与重建，从而达到全球共享时代。

姚笛

前　言

互联网自诞生起就成为人类社会关注的焦点，在以习近平同志为核心的党中央坚强领导下，在新理念、新思想、新战略的引领下，互联网发展让越来越多的人民在共享发展成果上有了获得感。作为社会性的产物，今天的互联网已经改变了人们的生活方式，改变了人们的思维习惯，同时也改变了社会商业的运行轨迹。

写作本书的初衷正是基于今天全世界的互联网发展已经遇到瓶颈，各种漏洞与不合理的现状无法得到彻底解决。我认为，改变互联网需要从互联网的基因开始改变，因此特别著作《重新定义互联网》。从不同的角度对互联网未来进行研判，从根本上解决当今互联网的各种难题。

重新定义互联网将使世界各国打破信息壁垒、实现全球智能信息化，因此，已经上升到了国家的战略高度。我坚持以人民为中心的发展思想，多次强调处理好安全和发展、开放和自主、管理和服务的关系，是对人类社会未来的高瞻远瞩。本书勾画出了一幅互联网未来世界的蓝图，书中的内容涵盖电子商务、网络安全、大数据等多个互联网领域，以电子商务为模型把一些具有创新思维特征的技术与理念展示给大众。这些裂变技术、同步共享思维的完美结合无疑是一场互联网颠覆式的革命。这些做法使飘浮在空中的观点在操作层面得以落实，让读者对书中的重要理念得到更清晰的理解。因此，通过此书，你将认知到一个全新的互联网。

互联网是技术密集型产业，也是技术更新最快的领域之一。但今天的互联网仍旧有很多不完善之处。如果要解决根本问题、发生质变就必须贯彻以人民为中心的发展思想。而互联网“Σ”计划就是由这个思想提炼而来。在全面深化改革的今天，互联网给我们提供了交流互动的平台，也带来了便利及挑战。我们要不断加快信息化服务普及，降低应用成本，让亿万人民在共享互联网发展成果上有更多获得感。我们要通过裂变共享技术和全球思维的“Σ”理论为人类服务。通过重新定义互联网，减少贫富差距，化解世界矛盾，促进世界和平。

芳林新叶催陈叶，流水前波让后波。

我深研互联网十几年，对互联网的前世今生有着全面的理解，同时对互联网的发展规律有着深刻的认识。通过融合经验与创新思维，形成了独有的对未来互联网发展的研判。如果您想洞悉互联网的未来，那么本书定能带给您启发与收获。

艾朝君

目 录

第1章 定义未来从互联网开始

第2章 从“人人电商”直达“全球互联”

第3章 用“裂变”开启互联新“视界”

第5章 数据为王，转化为纲

第6章 全自动化商业模型

第8章 集成功能，电商扩展

第 9 章　全球互联的“合”时代

第1章
定义未来从互联网开始

互联网从20世纪中后期出现至今已经经历了几十年的发展，在这几十年的时间里，整个世界因为互联网而发生了颠覆性的改变。尽管以普及为目的，但不能不说，互联网从出生到成长，继而发展成为如今成熟的姿态，它所经历的一切都是以“改变”为基础的。在变革中迎接未来，互联网已经成为“未来”的代名词。从这一点来说，我们很难把它当作一种普及性的工具看待。

人们的生活、学习、工作在互联网的影响下呈现出了新的面貌，世界也因此更加多姿多彩，互联网所创造的未来世界观已经改变了几代人，并且还将继续改变下去。未来会是什么样子？我们虽然现在并不知道，但通过互联网这面“魔镜”，我们也许能够窥探出“未来”的轮廓。

1.1 世界还未联通，梦想远未实现

对于“全球互联、人人互联”的盛况我个人是深信不疑的。世界自从诞生了互联网，国与国之间、团体与团体之间、人与人之间的交互联通一直都在进行着。互联网业界学者们的脑子里勾画出的世界互联图景正在一点点变为现实，然而至今世界联通的大同画面还并未真正出现，互联网全球世界的拼图中还有很多断点与阴影。

不能否认互联网点亮了世界的很多角落，它在世界经济中展现出了巨大的力量，未来这种力量还会持续增长。但是，互联网世界里存在的那些断点与阴影就像一堵堵高墙阻隔着人类无缝互通的欲望，它告诉我们一个现实：**世界还未联通，梦想远未实现**。

1.1.1 互联网代表“未来”

把互联网看成“未来”的代名词并不是我个人的主观看法，纵观互联网发展的历程我们就可以看到支持这种观点的依据比比皆是。

如果按照互联网的功能进行分类，可以划分为通信、社交、网上贸易、资源共享等几大类。通信包含电子邮件、微信、QQ 等即时通信或延迟通信方式；社交则包含 Facebook、微博、博客、论坛等门类；网上贸易涵盖电子商务、网络支付、转账汇款等部分；资源共享则包含门户资源，论坛资源，视频、音乐、文档等媒体资源以及游戏，信息等。

看看上述这些因互联网而产生的功能，我们就能发现，从通信到社交，从内容共享到电子商务，这些从前在人们生活中仅仅存在于线下的功能如今在互联网上都变为现实。对于未来，“物联网”“云”……更多的可能性正在发生，这一切都是基于互联网而来。在若干年之后当我们习惯它们的陪伴时就会发现，是互联网带给了人类未来。在人类社会的这几十年发展过程中，互联网成为一个“核心”，经济、政治、体育、教育、娱乐等都已经与互联网产生了错综复杂的关联。互联网正在成为一台生生不息传递能量的永动机，影响着整个人类社会的发展。

正因如此，我才会在本书的开篇就强调：**能够代表未来世界的非互联网莫属**。

1.1.2　全球互联表象下的区域互联

很多人都在想象着全球互联的样子，我也毫不怀疑这一点，然而至少从目前的情况来看，全球互联仅仅是一个表象概念，真正的跨区域互联还并未形成，这无疑是互联网在未来发展中需要跨越的一道门槛。

目前的互联网在区域内已经实现了真正意义上的互联，而在区域与区域之间的个体交互上还远未做到全方位交互，大部分情况下仅仅停留在延迟交互的层面。这个区域的概念其实比较宽泛，它可能包含国界区域、文化区域、种族区域……在不同的区域之间，其实存在着一些隐性的壁垒，正是存在的这些壁垒在一定程度上影响了全球互联的进程。

在区域内，互联网的用户可以进行任何形式的交互联通，如聊天、网购等，交互几乎没有任何限制，这种形式的交互还原了互联网本来的面貌，具有纯粹性，简单、方便、快捷是最大的特点。我们身边的所有网络行为其实都属于区域内互联的范畴。

尽管谁都知道互联网无边无际，无疆无界，然而这种理想化的状态在现实中却面临很多问题。我们在网上冲浪的时候其实并不是在大海里，而是在被区隔出来的一小片海滩边，这就是现实。一旦我们想要进入深海就会发现这几乎很难实现。由于互联网已经被很多国家上升为国家战略的层级，因此对于网络的监管以及交互的限制格外严格，隐性的壁垒非常多。这些壁垒让平民化的网络交互无法逾越，它们也就真正促成了区域化的存在。这就是全球互联表象下的互联网，它实质上被称为“区域性互联网”更为合适。

1.1.3 全球互联的阻隔因素

区域的存在让互联行为要跨区域开展时，存在着很大的困难。比如，如果有朋友出国，我们就会发现通过互联网与其进行联络时相比在同一区域时难得多。首先是**时差问题**，不同时差让基础的、自发的互联行为都要经过思考才能得以实施；其次是**软件问题**，不同区域在互联网级应用软件的选择与普及上有很大区别，这种区别导致不同区域的用户很难在交互时获得平台化的统一，也就进一步增大了交互的难度；最后还有语言问题，不同区域的语言差异也同样是困扰交互的难题。除此之外，区域的保护壁垒、法律法规、社交方式的差异等因素也成为一种困扰。

在如今已经出现的一些跨境交互中，也仍然存在着很多问题。比如，互联网跨境贸易尽管迈出了跨界交互的一步，但在政府监管、服务的提升等方面仍然存在着很多问题；而无国界电子商务的美好设想尽管已经出现，很多现实问题依然需要解决：各国文化差异、政策差异、资金等一系列障碍，都成为发展跨境电子商务、实现国际贸易的全球化的障碍，同时解决各种配套服务困境也离不开各国政府的支持。

这种多条件的跨区域互联无疑给先驱者们出了很大的难题，跨时空的资源优化、共享与整合不仅是摆在上层建筑面前的问题，同样也是基础层面面临的困扰。

上述这些阻隔因素制约了互联网的全球化互联进程，那些人为设置的门槛在全球经济一体化的大背景下与世界的发展步调显然并不一致，在以互联网为核心的世界未来战略里，打破区域限制就成为一项艰巨的基础工作。

1.1.4　梦想有多大，舞台就有多大；梦想有多大，世界就有多大

尽管打破区域化壁垒看上去并非那么简单，但人类社会的车轮总是滚滚向前，并不会因为道路上的石块戛然而止，因此从长远的角度来看，并不需要悲观。就像马云说的那样：“梦想还是要有的，

万一实现了呢？”

我始终坚信互联网会有一天实现全世界的真正联通，如果这是一个许多人都有的梦想的话，那么我就是这许多人中的一员。在互联网的发展史中不乏那些已经被实现了的梦想，尽管这些梦想在最初也曾被鄙视过。

从前，没有人相信身处两地的陌生人能够通过某种方式建立起联系，互联网的出现把这个陌生社交的梦想带进了现实；有了互联网之后，人们谈起在互联网上向陌生人购买商品并完成支付时仍然觉得那是天方夜谭，网络支付体系的出现把电子商务的梦想带进了现实；几十年前的文学爱好者们在绞尽脑汁地收集名家名作时，同样想不到有一天在互联网上，集群智慧带来的海量信息共享让信息采集仅仅只需要几秒钟……

一个又一个的梦想被互联网照进现实，创造与创新正在成为时代的快餐型理念，这都要归功于互联网的发展，它带来的不是某一个产品、某一种应用，而是打开了人类潜在的脑洞。未来的互联网将呈现出什么样的面貌，会具有哪些新的功能属性，能够为我们带来什么样的惊喜？下面要分享给读者的就是在我头脑中的未来互联网图景。

1.2 新互联网时空论

对于未来互联网的定义我是从空间与时间的角度来进行二维构建的，我把它称之为未来互联网的时空论。其中空间的含义就是打破地域界限的全球共享，而时间的含义则是真正意义上的即时同步。

1.2.1　全球共享打破疆域边界

在 2015 年的第二届世界互联网大会开幕式上，中共中央总书记、国家主席习近平发表演讲时强调，网络空间是人类共同的活动空间，网络空间的前途命运应由世界各国共同掌握。各国应该加强沟通、扩大共识、深化合作，共同构建网络空间命运共同体。

我们可以把习主席的这一观点看成中国希望打破全球互联网地域疆界的最高呼声，它还原了互联网世界的本质：**一个没有区隔的完整互联空间**。

从 20 世纪末开始，人类进入了信息时代。伴随计算机网络和通信技术的迅猛发展，互联网已经日益成为全世界各个国家创新驱动发展的先导力量；同时，互联网凭借信息量的巨大优势，深入人们生活的各个领域。网络和信息技术正前所未有地改变着全球经济模式和人类交往方式。

进入 21 世纪后随着互联网带宽的扩大和无线技术的升级，尤其是智能手机等移动装置的普及，使普通人可以超越地理上的隔绝，便捷高效地获得全球的商品和服务；企业运用互联网技术可以快速开辟新的市场，形成新的商业模式；各国政府对互联网的重视程度与日俱增，很多国家已经把互联网的发展作为战略，与金融、电信、交通、能源部门一样纳入国家的基础设施建设谋划之中。

在未来，随着国家间、地区间经济往来、文化交流的不断加深，当阻隔全球互联网一体化的硬件制约被解决后，在互联网层面的区域融合现象会逐渐显现出来。

互联网的发展为信息共享、信息协作和商务拓展创造了一个新的可能性，而区域互联网融合的基础就建立在共享之上。中国举办的两届世界互联网大会都将主题设定为“互联互通 · 共享共治”，由此可见“共享”作为全球互联网一体化发展的基因存在的重要意义。

共享指的是在互联网世界里把信息、技术、产品等与不同的用户进行分享，这种分享建立在不用付费的基础上，这就是共享的含义。尽管在区域互联网里，共享的概念已经深入人心，并且用户正在享受着共享所带来的便利与好处，但在互联网全球一体化的世界还并未构建完成的情况下，跨区域共享并不是人们想象中的那么简单。由于存在着技术保密、信息安全等诸多因素，因此开放共享的思维受到很大抑制，想要实现更为开放的共享，不仅需要提升区域之间的亲密程度，同时还需要建立更为统一的网络管理体系。

尽管存在着很大的困难，但互联网全球一体化的发展趋势不会改变，全球共享也将成为打破互联网区域化边界的重要手段之一。这是因为首先**共享是友谊的象征**，它是一种善意的分享行为，能够获得接受者的感恩，同时缩短分享者与接受者之间的情感距离；其次，**分享是一种实力的展现**，它表明了分享者具有共享的能力，同时能够为接受者带来帮助；最后，**分享是一种互动行为**，它符合互联网的行为特征，对网络用户来说没有技术门槛，只要是有价值的内容都可以获得分享支持。

分享的这些优势和特征使它能够在区域网络之间架起互通的桥梁，把本身错落的不同网络空间黏合在一起，抚平因地域因素导致的互联网世界中的褶皱。这就是共享的力量。

互联网所创造的网络空间是伴随着信息技术发展而出现的一个全新的人造空间，这个空间覆盖世界上的全部计算机、手机、通信设施、媒体等信息终端、信息传输设备和数字信息内容之间连接交互而形成的智能虚拟空间。而共享让这个人造虚拟空间能够真正实现全球的互联互通，从而在未来为我们带来一个可以超越国家、地区、民族、人种、文化和风俗的崭新数字化世界。

1.2.2 即时同步超越时间区隔

在我的新互联网时空论中，对未来互联网的时间诠释称为“即时同步”。**它是指在互联网里当一个内容出现在某一个地方的时候，这个内容也将同时在互联网的其他地方出现。**

互联网即时同步的概念其实早就已经出现，不过受限于应用平台，目前并没有达到普及的程度。只有一些云平台提供简单的实时同步功能。与转载或备份不同，**即时同步更加强调同步内容的即时性与自动生成，另外它的最大特征是内容发布者对内容进行修改后，即时同步到所有地方的该项内容都会跟随自动修改，**这是一种高级智能化的技术功能，同时也是互联网人性化发展的一个显性现象。

即时同步位于我提出的新互联网时空论中的时间之轴上，我看重它的即时特征。时间在互联网世界里其实是一个非常笼统的概念，甚至在很多时候时间并不具有特别的代表意义。这是因为互联网时空存在于一个虚拟的网络世界，在这个世界里内容是一个更为现实的载体，而绝对空间与绝对时间的划分其实并不特别明确。在互联网世界里更为重要的应该是相对时间和相对空间。**所谓相对时间就是从发出请求到回复响应所产生的时间，某个平台或圈子则更容易被理解为相对空间。**

正因如此，“即时”概念在互联网世界里才显得如此重要，几乎所有的服务性功能都会把即时响应作为标准，几乎所有内容的发布者都在希望即时推送的出现。因此，我才会把“即时同步”放入新互联网时空论的时间轴上。

1.2.3 新互联网时代图景

基于即时同步所带来的全球共享能够敲开互联网全球一体化的大门，让互联网固有的区域边界变得模糊，由此一个新的互联网时代就会来临。

如果让我来描绘这个新互联网时代的图景，那么我认为互联网全球一体化一定是从电子商务开始的。这是由于在所有互联网成熟的模式中，只有电子商务才具有真正无边界的内涵。它是全世界通用的商业模式，一方提供商品，一方购买支付，亘古不变。除了全球通用的交易规则外，能够用全世界的商品满足全世界的需求是电子商务能够占据全球一体化网络制高点的另一个原因。一个通用的模式之所以能够获得跨越边界的成功，最根本的原因在于用户需求。**有需求的地方才会有生意**，从前的跨区域贸易能够获得巨大成功正由于此。我们可以把跨界电子商务看作一种线上的自由贸易，这样就不难理解了。

在我看来，通过电子商务接入全球一体化网络是实现人人电商的重要条件。人人电商是我构建的一个理想中的概念，它是电子商务的真正普及化，**即让全世界的每个人都参与到电子商务中来**。在人人电商的模式中，每个用户不仅是商品的购买者同时也是商品提供者。也许你会问如何才能让每个用户都成为商品提供者？答案就是全球共享与即时同步。

在人人电商的模式中，全球共享与即时同步是非常重要的环节，**通过即时同步能够使一件商品瞬间展示在全世界所有的电商店铺中，从而让所有的商家能够共享该产品的信息**。这就是人人电商带来的全球电子商务模式。在后面的章节我会详细地介绍人人电商的模式，在这里就先不做展开了。

在未来的全球一体化网络图景里电子商务仅仅是其中一个部分，随着区域边界的消失，新的无边界互联网将带来更多新的创新与机会。它对于商业、技术、文化等诸多方面的推动作用将超乎我们的想象，更多伟大的模式将会出现，更多极致的创新会点亮我们的眼睛，让我们有足够的信心期待这个新时代的到来。下面的章节我会从商业与技术的角度来诠释新互联网世界的未来。

1.3　全球互联的商业梦

从商业的角度来看互联网边界的消失带来的不仅是新的市场、新的机会，更有新的模式与新的规模，从这一点来看，全球互联对商业的推动值得期待。而对于处于商业领域的不同角色来说，更为广阔的网络世界带来的是一个共赢的新局面。

1.3.1　来自网络彼岸的商业邀请

首先，开放程度更高的全球化市场能够带来更多的商业机会。仅仅以电子商务为例，对于全球任何一家公司来说，即便你在本国之外的任何地方都没有办公室，甚至没有一个工作人员，但你只需要在电商店铺上架一款优质的新产品，或在全球统一的移动平台上放置一款新的商品，就能够瞬间“铺遍”全球，被全球上亿用户看到。

除了电子商务的机会外，在金融、创新等领域，全球一体化的互联网能够带来的不仅仅是一片市场而已。对于金融领域来说，以科技为手段，以金融为核心的模式将彻底取代传统的金融模式，它是互联网金融未来的缩影，也是金融网络化的一个最大特点。可以想象在互联网全球化之前，金融本身实际上是在被地域化所控制，只要封闭边界，金融资本就无处可去。但是全球化的互联网实现了全球通达，让金融资本**可以以互联网的数据方式自由且无延时地通行于全球的网络之中**。其实在互联网金融领域，全球化的脚步其实从未停止过，以前两年非常火热的“比特币”为例，它就是互联网金融全球化一个很好的例子，如图 1-1 所示。

图 1-1　比特币图例

比特币是一种数字货币。与大多数货币不同，比特币不是依靠特定货币机构来发行，而是依据特定算法，通过大量的计算产生，并使用密码学的设计来确保货币流通各个环节的安全性。和法定货币相比，比特币没有一个集中的发行方，谁都有可能参与制造比特币，而且可以全世界流通，可以在任意一台接入互联网的电脑上买卖，不管身处何方，任何人都可以挖掘、购买、出售或收取比特币，并且在交易过程中外人无法辨认用户身份信息。

比特币可以用来兑换成大多数国家的货币。使用者可以用比特币购买一些虚拟物品，如网络游戏当中的衣服、帽子、装备等，只要有人接受，也可以使用比特币购买现实生活当中的物品。

以比特币为代表的互联网虚拟货币在2013年风靡互联网，1比特币的兑换价值已经超过4000元人民币。其实，比特币的理念就是以一种能够在互联网流通的“国际货币”形式，来最终实现资本的自由流通，它以自行网络“挖矿”来实现货币“创造”。比特币打通了一套支付体系，其资产根本不存留于银行里，由此摆脱了银行的垄断控制地位。比特币的出现实际上是互联网金融领域打破壁垒的一种现实表现，它作为新金融世界的一个组成部分是金融迈向全球互联一体化的一种特殊表现方式。

可以想象，互联网的全球化让金融资本的流通领域变得无穷大，在区域化金融向国际化金融转变的过程中，也会由此诞生更多的商业机会。

互联网全球一体化的商业机会当然不仅限于金融领域，它所带来的是多层面多方向的商业机会。伴随着这些商业机会，新的市场新的需求逐渐呈现，新的商业模式也就会应运而生。

1.3.2 新市场孕育新模式

互联网区域边界的开放带来了一个更大的市场，同时也会伴随出现新的商业模式。其实，在互联网诞生后，以信息技术和网络技术为核心的科技革命就已经出现，它被称之为第三次科技革命，这次变革颠覆性地改变了工业革命所形成的经济形态。网络环境的开放性、虚拟性、交互性、平等性与共享性等特征使得人们能够通过互联网与身处不同地域范围的人随时随地进行双向或多向信息交流，由此产生的时空距离的缩短和交易成本的降低使得商业环境发生了巨大改变，在那次变革后很多依存互联网而出现的新商业模式被建立起来，并发展成为当今的主流商业模式。

如果说互联网从无到有是一个变革，从而带动了商业的活跃度，引发了新模式的产生，那么互联网从区域化走向全球化则可以看作这场变革的下半场，它带来的是全球化商业的交错纵横，以及更多资本的投放，这些都将引发一系列新模式的诞生。

如果把这些新模式进行分类，我更倾向于分成两类。**第一类是在原有成功商业模式上演化而成的新商业模式，我把这类商业模式称为进化类商业模式；另一类就是根据新的市场条件与用户需求而生成的新商业模式，我称之为创新类商业模式。**

例如，我所构建的人人电商模式，可以算作当今已经非常成熟的电子商务模式的全球化延伸，因此属于进化类商业模式。人人电商模式在购买、支付、发货、收货评价这一流程上与电子商务的现行模式并无区别，**其最主要的差异在于全球用户皆电商的主导思想，它的模式实现了全球用户自动自发参与电商活动，全世界商品汇集展示、跨界支付等目前的电商平台无法做到的事。**

像人人电商这样的商业模式在新互联网全球化的世界中出现并不会让人觉得惊讶，而另一些创新类商业模式的出现想必会让人吃惊不小。这些可以看作互联网带来的惊喜。互联网是创新的舞台，同时也是巨大的待开发市场，在互联网中每一次模式的创新都会引发外界的哗然，但这些成功的模式无一不是得到了市场的肯定与证明。经过了互联网几十年的发展，创新其实对于我们来说早已不再是陌生的词汇了。可以想见，当互联网的区域边界被打破后，更广阔的市场必将刺激诞生更多创新的点子，创新的点子会最终生成创新的模式，这就是互联网化的商业特征。

1.3.3 全球一体化，经济几何级

新市场带来的首先是一个新的体量，就像一个新的空容器一样，因此，互联网全球化从直观上讲带给商业最大的益处是**增加了市场的体量**。试想当一家企业从一个区域跨越而出面向整个世界时，摆在它面前的可不仅仅是一个空容器而已，而是成千上万个新的地域市场，这就是所谓的“全球一体化，经济几何级”。

互联网作为一个集通信、信息和商务多种功能于一身的平台介质，其全球化带来的是某种意义上的经济全球化。互联网作为一种

资源整合手段，让经济活动的内容与方式都更加丰富。

在互联网全球化背景下，经济发展的带动者由传统产业转为信息产业，“网络经济”“数字经济”“知识经济”等信息产业经济的规模将随着互联网边界的扩展变得越来越大。根据艾瑞咨询的数据显示，2016 年前三个季度中国网络经济营收规模就已经接近万亿，2016 年整年中国网络经济营收规模超越 2015 年再上一个台阶。以此作为参照的话，我们能够想象当互联网边界模糊后，网络经济的体量会变成何种量级。

我们可以把各个区域内的互联网市场看成一个拼图中的某一部分，而全球互联网市场则是一个完整的拼图。从这个角度来看，互联网全球一体化所带来的经济增长无疑会让一切商业行为变得更有动力。

1.3.4 用户受益，企业成长

其实这种商业的动力一方面与互联网全球一体化直接相关，另一方面则来源于不同商业角色，如企业、用户。

对于企业而言，无论是产品生产商还是服务提供商，更广阔的网络市场对他们而言都是极具诱惑力的。全球一体化的互联网一方面为企业带来了更多的盈利机会，另一方面也在刺激着企业的成长。这是因为更大的市场意味着更大的竞争，当企业从浅海游向深海的时候想要获得更大的成功仅仅依靠从前的“老式救生圈”远远不够了。企业必须让自己足够强大，能够应对更强烈的市场竞争，才能够在新的市场海域里获得更多的利益。

为了适应一体化的全球市场，企业从产品设计、技术支持、服务升级、人力配置等各个方面都要与新的市场环境接轨。企业在这些方面的提升实际上是对企业综合竞争力的提升，而这正是企业成长所必须经历的。

反过来从用户的角度看，互联网的全球一体化带来的是更多的产品与服务。**首先，让用户在选择上增加了选择对象；其次，由于可选择余地变大，用户能够相应地减小所付出的成本并同时获得质量更高的回报（即产品或服务）；最后，更多具有互联网基因的新模式让用户的生活便捷度得到更大提升**。这使得用户从全球一体化的互联网市场中获得了更多好处。

综上所述，互联网的全球一体化不仅能够给企业带来难得的成长机会，同时还能够满足不同用户的各种需求，从而使用户从中受益。这就是我勾勒出的世界互联理想化商业图景中不可或缺的部分。

1.4　全球互联的技术梦

上一节我为大家展示了世界互联的商业图景，除了商业的部分，我们不应该忘记支撑互联网发展下去的本质核心其实是技术。从互联网诞生的那一天开始，这个人为虚拟而成的网络空间就是以网络技术作为最基础存活条件的。没有技术的支持就没有互联网的存在，也就不会有依托于互联网而产生的所有一切。因此，全球互联在商业起始前首要解决的是技术问题。

1.4.1　技术是骨，模式是肉

技术对于互联网的推动作用在几十年前就已经被验证过了，当网络传输技术、网站构建技术、网络端口技术等不同的网络技术共同构建出互联网的初代雏形后，互联网的技术传播与信息传播就几乎同时出现了。

我国企业对此恐怕深有感触，当越来越多的企业开始“触网”后，首先遇到的是技术与模式的双重问题。一方面是如何设计模式，另一方面则是如何实现技术。模式的设计与技术的支持息息相关，因此我更愿意做这样的比喻：**如果把一个互联网产品比作人的话，那么模式是肉身，技术则是骨骼**。

在过去的十几年里，互联网企业对技术的重视程度可以说超过一切，这从一家互联网企业技术员工的薪资体系中就能够看出来。这种对技术的推崇从一个侧面加速了互联网发展的进程。技术特别是一些尖端网络技术的革新与快速发展，确实为更多优秀模式提供了施展的舞台。

在互联网全球一体化的进程中，技术将扮演更重要的角色。它所起到的主要作用包括以下几个。

第一，技术是区域互联网端口对接的黏合剂。从区域化互联网向全球化互联网过渡的过程中，技术将承载以商业为目的的服务端口对接任务，它能够保障信息从区域流入世界，同时也为网络中的资本流动建立起适合的通道。

第二，技术是新模式得以诞生的孵化器。所有因全球互联而生的新模式、新功能都将考验技术的柔韧度，只有建立在完全符合技术支持能力的前提下，新模式才能获得实施的可行性。

第三，技术是网络安全的后盾。很显然，网络区域边界的消失对网络安全提出了更高的要求，因此网络安全技术作为网络安全的保驾护航者将承担更重要的职责。

网络技术所能够起到的作用当然不仅限于此，有鉴于篇幅限制在这里就不再展开了。我之所以在这里会谈到技术的问题是由于我构想的互联网一体化世界对技术的要求比当前更高，它不仅需要创新技术的支持，而且需要注入更多前瞻性思维。在我看来，驾驭技术的并不是程序员，而是前瞻性的思维意识。只有不断向前看的技术意识才符合世界互联网技术升级的终极要求。因此，我才会说："更新思维要远胜于更新技术。"

1.4.2　更新思维胜过更新技术

所谓的互联网思维其实已经被讨论得很多，它是基于互联网的发展需求而生成的一种具有前瞻特点的思维模式。在我国最早提出互联网思维的是百度公司创始人李彦宏。在百度的一个大型活动上，李彦宏与传统产业的老板、企业家探讨发展问题时，首次提到了"互联网思维"这个概念。他说："我们这些企业家们今后要有互联网思维，可能你做的事情不是互联网，但你的思维方式要逐渐从互联网的角度去想问题。"由此以后，互联网思维成为了这个产业里被普遍认可的一种思维模式，它也成为人们对市场、用户、产品乃至对整个商业生态重新审视的思考方式。

在以往这种思维更多地被用在模式、功能的设计之上，而很少从技术的角度被提及。因此，在这里我需要强调：**在以技术为圆心的互联网世界里，互联网的前瞻性思维理应最先从网络技术领域开始。**

全球一体化的互联网世界带给我们的是一个比现在要广阔得多的思维空间，在池塘里游泳的鱼的思考方式与深海鱼的思考方式是完全不同的，因此当溪流汇入江海，树木长成森林时，我们的思维也必须与时俱进。在上一节里我们已经谈到了技术在互联网全球一体化的进程中将起到的重要作用，正因如此，为了适应互联网的这种转变，就必须在转变模式思维之前首先更新技术思维。

更新技术其实并不是特别困难的事情，在互联网的几十年发展过程中，为了适应互联网发展的节奏，技术的更新经常发生。以网站设计为例，从最早的 HTML 到 ASP，再到 JAVA、.NET……网站搭建的后台技术不断更迭，已经被看作习以为常的事。然而很多互联网业界的从业者恐怕还未经历过思维的更新。平静的发展不需要更新思维，只有当颠覆导致发展阶段的更替时，更新思维才变得必要且必须。而互联网的全球一体化则正是互联网所需要经历的下一个发展阶段。

那么，更新思维应该如何去做，我认为有以下几个方面：**首先是更新思维方式**，想要做到这一点就必须打破自己传统的互联网发展思维，去寻找新市场常态下需要与自我发展相匹配的新理念；**其次要学会转变思维角度**，学会站在比以往更高的层面思考，同时从多角度发散思维，简而言之就是要用头脑风暴；**第三要摒弃模仿与跟进的固有理念**，用真正的创新思维去结合新的市场环境。真正具有创新能力的企业其实并不多，大多数企业的互联网思维都处于跟风阶段，就更不要说具有技术思维了。然而每一个互联网新阶段都是以主动创新为起始，跟风思维并无用武之地。因此为了抢得市场先机，创新思维是我们必须要具备的能力。

很多历史事实告诉我们，当一个事物被重新定义的时候就是一次彻底的新陈代谢。旧的被替代，新的焕发出生机，互联网同样如此。想要在新陈代谢的过程中不被淘汰焕发新生，就必须具备与时俱进的思维，并用这种思维作为行动的指导，让自己走在他人之前，才能获得生机获得成功。

1.4.3　用新技术思维创造伟大

不管你承不承认，世界互联都是一个具有颠覆性的畅想，并且完全符合互联网的发展规律。新闻中越来越多地提到“世界互联网”“全球互联网”等词汇，在从前这是不可想象的。当带宽、流量、网络基站这些网络硬件还在困扰着人们的时候，当然不会有人有闲心去设计全球联通的互联网世界。然而当这些阻碍互联网发展的因素被解决后，世界互联的思维便会顺理成章地出现，因为真正的世界互联才是互联网发展所追求的极致，那就是把世界变成互联网的“地球村”。

在我看来，世界互联是一个伟大的终极目标，想要变为现实必须依靠网络新技术的支持，固有的网络技术能力并不能满足这一需求。我为此在技术层面进行了很多设想与尝试，并且获得了一些成功的经验。在我创造的人人电商模式中，应用新技术使新的模式得以生成。我采用了以派生为基础的裂变技术、同步共享技术以及大数据整合技术等，这些都是具有创新性的技术，在当今的互联网圈里还并不普及。这些技术使我构想中的电商平台裂变、商品同步共享理念得以实现。

当然我所构想的人人电商仅仅是世界互联图景中的一个微小因子而已，它是从当今的电子商务模式演化而来的，之所以在这里与大家分享是因为它符合世界互联的互联网进化规律。人人电商的着眼点在整个世界，它的终极目标是让世界上所有的用户都拥有属于自己的网上店铺，让世界上所有的商品都能够进行无差别的自由展示与售卖。基于这种理念，我运用了新技术思维来试图实现它。我的这种技术思维是围绕着全球用户进行的，因此裂变的概念才会应运而生，我需要一种能够满足用户自动扩展的技术，把它驾驭在传统的电商平台之上，从而让用户自动获得网络店铺。同时为了应对庞大的用户数据流，我还加入了大数据整合技术以及一些相关的后台端口技术。对这些技术而言，有的可以通过现有的网络技术改造而成，而有的则需要进行创新研发，在互联网的发展中这些都是必经的过程。

现在看来，这些技术成为人人电商模式的运行保障。当我回头去看人人电商开始的样子时心中总能感受到，用新思维去敲响互联网未来大门时的那种激动的情绪。

在本章我为大家勾画了一幅互联网的世界蓝图，我的这些观点并非臆想，而是互联网发展规律的使然。我坚信只有遵从事物的发展规律，最终才能获得好的结果。从第 2 章开始，我将会详细为读者分享我的人人电商模式，希望通过这个前所未有的新模式来展示未来互联网世界的构建模型，并能够给读者带来一些积极的启发。

我们的未来究竟是什么样子？想找到答案就请到互联网的世界里来吧。

第2章 从“人人电商”直达“全球互联”

“人人电商”是一种基于世界互联网一体化而产生的电商模式，它的目的是让电子商务走出区域走向世界。人人电商所建立的是一个面向全球用户的商品销售与购买平台。在这个平台上，所有用户不仅是消费者同时也是商家。不仅如此，人人电商的模式还是对现有电商模式的一种颠覆与改革，它不仅能够解决目前电商模式中不可解决的难题，而且真正实现了电商体系下不同角色的共赢。

2.1 传统电商的三大无解难题

对于传统电商来说，尽管在模式上已经发展成熟，但在实际的交易过程中仍然出现了很多难以解决的问题，如售卖假货、虚假赔付、虚假信用等，这些难题的出现困扰着电子商务的发展，它们成为生长在电商机体上的毒瘤。然而对于电商平台而言，想要完全杜绝这些现象从操作角度来看几乎是不可能的。这也就是我们本节要谈到的传统电商的无解难题。

2.1.1 诚信缺失，售假屡禁不止

在电商平台上，从服装、化妆品这些与消费者生活密切相关的产品，到化肥、润滑油等其他用品，尽管大多商家都宣称自己销售的知名品牌是合格产品，来自官方正规渠道，但事实却并非如此。

曾经有消费者称在某知名电商店庆促销活动中买到的名酒疑似假冒产品。随着越来越多的消费者反映，某知名电商随后做出了官方声明，称公司已经联系购买此商品的将近千名消费者进行退货退款，对已退回的商品进行封存并移交有关部门调查和鉴定。在这一事件中，这家电商对消费者进行了商品价值10倍补偿，除此之外还永久停止与售假店铺的合作，并主动向警方报案。

这个案例仅仅是电商平台的一个缩影，如果搜索各大电商网站就可以发现，经常会有大量用户抱怨平台售假，与第三方商家之间产生的争议最多。

为了保证利润，电商平台往往会采用全开放模式，然而由于没有行之有效的监管机制，电商平台在管理上的难度非常大。相比大型商超的成熟供应链，电商平台的商品供应渠道大多由小型供应商提供，这些为店铺提供商品支援的供应商无论是从资质上还是生产水平上都参差不齐，因此这种鱼龙混杂的商品供应局面为造假售假提供了浑水摸鱼的机会。

另外，在电商平台上售假的违法成本很低。不同于实体开店的传统零售业，线上网店不会面临线下门店那样严格的监管，也不需要付出高昂的开店成本。资质对于电商平台商家而言并无太强的约束力，入驻电商平台开店只需满足不同平台的审核规则即可上线，并不需要严格的资质审核，同时开店的成本极低，只要缴纳一定数额的保证金即可。而线下门店则面临工商、税务等不同部门的监管，以及选址、装修、人工等多重成本的压力。

电商平台开店的这种模式导致活跃在电商平台上的店铺更多是的中小型贸易公司的形态，甚至是个人开店。这些店铺售假被发现后即便被电商平台查处，也可以更名或换个平台继续售假。

电商平台采用开放平台的模式可以实现商品品类的快速扩张以及用户流量的快速聚拢，但却无法回避商品涉假的风险。尽管很多电商平台都清楚地意识到售假的危害，并为了最大限度保证商品质量，取得消费者信任，纷纷从商家入驻、销售、质控等多个方面制定了严格的制度。但由于商家是电商平台赖以生存的重要资源，即便对确实涉假的店铺，电商平台也无法狠下心来一刀斩，有限度的处罚措施远远无法达到震慑售假店铺的目的。

由此可见，到目前为止电商平台的售假问题一直是困扰电商行业一道看似无解的难题，这其中有商家的责任，同时也有电商平台本身监管模式中存在的弊端。如果说售假是一个零售行业普遍存在的长期性问题的话，那么随着电商平台的崛起，一条灰色产业链的应运而生则只能归咎于电商交易模式上的弊端。

2.1.2 颠倒黑白，灰色产业链蓬勃而生

我们都知道，电商平台的出现让网络中的交易第一次出现了“信用”积分的形式，这就是我们俗称的“信用评价体系”。信用评价其实就是用户在电商平台进行购买交易后对产品质量、商家服务、物流配送等交易流程中的细节进行汇总后为商家打出的分数，评分规则为“好评”加一分、“中评”加零分、“差评”

扣一分。商家所得到的好评、中评和差评的分数累积成为该商家的信用度，这个信用度所对应的评价积分不仅会在电商平台的网页上显示出来，更会成为其他用户在选购商品时的重要参考条件。

由于信用积分的重要性，使商家格外在乎用户所给予的评价。这本身是一件好事，能够提升商家的服务意识，保障用户体验。然而，信用评价体系的存在也使一些人找到了一条利用信用评价牟取收益的捷径，如职业差评师。

职业差评师是专门依靠给别人差评来赚取收益，它是由电商交易模式催生的一个新兴职业。这些职业差评师专门以给网店差评为手段索要网店钱财，甚至还出现多人合作的“团伙作案”。

有的淘宝卖家因为忌惮同行，就会雇佣职业差评师，通过恶意差评来扳倒竞争对手。这种情况通常需要职业差评师与买主店铺事先谈妥价钱，由买主店铺提供对方的店铺名称、掌柜 ID，当职业差评师按照指示在对方店铺拍货后，购买差评者负责匿名代付货款，之后职业差评师便会为对方打上差评，根本不管所拍商品是不是存在问题。

对于职业差评师来说，每个差评的收益从几十元至上百元不等，而采用差评来攻击店铺则需要根据被攻击的店铺级别而定，店铺级别越高，收益也就越大。

王先生的淘宝店铺刚刚上架了一款新的商品，没想到就立即成为职业差评师的狩猎目标。据王先生介绍：几乎在同一时间，就有 30 多个淘宝小号一起拍下这件商品。这 30 多个 ID，来自两个职业差评师群，其中一个差评师群派了个代表与他沟通，要求给每个ID号赔付20元，否则就投诉。该代表声称："我们是来求财的，不是来求气的。你的店铺封了，我们没损失，只是少赚钱而已，你就不一样了。"

由于深谙淘宝相关规则的漏洞，因此差评师拒绝通过阿里旺旺进行沟通，甚至告诫王先生："QQ截图做不了证据，你不要白费力气。"

果然，王先生向淘宝小二举报此事，淘宝方则认定"不发货就是卖家的错"，按照规定，卖家需要全款退还，并赔付货款的30%。

上述案例并非个案，随着电商平台的普及，越来越多的用户聚集于此，越来越多的商家也汇聚于此。随着交易规模越来越大，职业差评师的规模也在随之膨胀，一条灰色产业链就此形成。根据阿里巴巴公布的一组数据显示，仅在阿里巴巴的电商平台上，自"消费者诚信数据模型"上线以来，被命中并认定为职业差评师的ID累计接近500万个，平均每周被模型命中的恶意差评达到15万条。

差评师之所以能够生存主要是抓住了电商平台规则的漏洞，例如，在淘宝网上商家一旦出现差评，店铺的级别会受到影响，对于吸引新用户也会有直接的影响。因此，差评师会利用商家的这一顾虑而通过差评提出利益诉求，如直接敲诈商家；另外，通过恶意差评去攻击一家店铺，最终将导致店铺要么被平台封杀，要么客流直线下降退出市场竞争。

这条依附于电商平台的灰色产业链之所以能够如此蓬勃地发展起来，更多的原因在于电商平台对此几乎毫无办法。如果说对于售假问题电商平台还能够实施一些监管的话，那么对于恶意差评，处于交易第三方的电商平台来说根本拿不出行之有效的制约方法。

2.1.3　信用作假，凸显监管无力

与差评的灰色产业链相反，电商信用评价机制带来的另一个弊端是“刷信用”。“刷信用”其实是一种信用炒作，又可以称为“刷钻”“刷信誉”“互拍”“群拍”或者“炒作信用度”，它是指在淘宝、拍拍等电商平台网站中，买卖双方以抬高信用为目的，或双方在无实际成交的情况下做出“满意”“好评”评价的行为。

这种行为的出现是基于很多消费者都有选择信用高卖家购买商品的心理，认为这样更有保障。这种购买心理导致电商平台的入场新卖家很难在短时间内获得消费者的认可，交易量上不去，信用评价量也就很难提升。而信用炒作的出现能够帮助店铺卖家在很短时间内大幅提升信用度，从而在淘宝的店铺搜索或商品搜索中获得较靠前的排名，继而吸引消费者的关注。

在这种急于提升自身店铺信用度的需求下，依附电商平台出现了很多规模庞大的刷单组织（也称为刷单工厂）。一些网店的好评和高销量都是依靠刷单工厂完成的。电商店铺的“刷信用”行为已经发展成为一种半公开性质的“潜规则”，自从电商平台建立信用评价机制后，刷单就应运而生，时至今日“刷信用”已经发展成一条完整的产业链，涉及众多电商环节，包括店铺卖家、刷单组织、

快递公司、语音平台等。

国内鲜花在线预订与速递平台“爱尚鲜花”挂牌新三板，在招股说明书中自曝3年刷单26万笔。刷单费用支出超过175万元，刷单产生的虚假收入累计3000万元。近一半的销售都是刷出来的。根据“爱尚鲜花”的公转书显示，刷单是公司营销的一种手段，由公司员工或外包给外部人员进行，其按照公司要求在各大营销平台下单，以提高公司产品在营销平台的销量排名，有助于提高公司产品的销量。

尽管电商平台对“刷信用”的行为进行了清理打击，但却无法从根源上消灭它。以国内最具知名度的电商平台淘宝为例，面对猖獗的“刷信用”行为，淘宝方面也是三令五申加以禁止，但是并没有找到从根本上解决问题的方法。这是因为首先店铺数量太多，动用人工和机器进行排查耗时耗力且收效甚微；其次，随着交易量不断攀升，“刷信用”已经形成一条完整的产业链，仅靠电商平台自身加以监管也确实存在难度。

店铺依靠“刷信用”来积累信誉，获得迅速的成长实际上是一种虚假行为，它破坏了电商信用评价机制，欺骗了消费者，它使电商卖家店铺的信用变得不可信，逐渐丧失在消费者心中的信誉地位，这才是“刷信用”带来的最为可怕的结果，这种行为无疑已经成为依附在电商体系之上的一颗毒瘤。

2.2 “人人电商”实现电子商务最高境界

对于传统电商目前面临的上述三大无解难题，如何才能把它们化解于无形？答案就在我所构建的“人人电商”模式里。在设计“人人电商”的模式时，我专门针对传统电商的一系列问题设计了对应的规则，通过这个完全不同于传统电商的新模式，不仅能够实现电商的全球化，唤起人人自发参与的主动性，而且规避了目前电商体系的弊端。

2.2.1 何为“人人电商”

“人人电商”从字面上理解就是一个人人都能参与进来的电商平台。也许你会疑惑：目前的传统电商平台难道就不是“人人参与”吗？与传统的电商平台的“人人参与”相比，“人人电商”有两个方面的不同。

第一个方面，参与人群的范围不同。以中国的传统电商平台为例，用户绝大部分来自本土，也就是中国境内，无论是商家还是消费者，在境外参与的人很少。而“人人电商”的目标用户则是跨区域的所有用户群体，即全世界的用户。“人人电商”的理念是基于世界互联而来，并不仅仅局限于某一个地域。

第二个方面，“人人参与”的程度不同。尽管目前传统电商的自由度够高，但在平台上商家角色与购买者角色的数量差距非常大。马云曾经在一场演讲中提到，淘宝的卖家数量有 500 万，而买家数量则达到了5亿～6亿。两个数据巨大的数量差说明了一个问题：**大部分用户其实在电商平台上仅仅是作为购买者存在的，而拥有店铺的用户数量相比用户的总量来说是少之又少。**而“人人电商”的用户参与度并非仅限于购买。“人人电商”能够通过免费赠送给用户电商店铺的方式把所有平台用户都转化为商家，从这一点来看至少前无古人。这样做的意义不仅在于打造一个“全民皆电商”的大电商世界，更为了创造透明公开的价格体系与严肃公正的电商环境。

“人人电商”的模式简而言之就是通过裂变技术让每个用户都拥有自己专属的电商店铺，普通用户无需上传商品，商品由供应商或生产商上传，同时自动同步共享给平台上所有店铺，一旦发生交易则由售卖店铺与商品上传者（即供应商或生产商）按一定比例分享利润，而商品的发货与售后也由商品上传者（即供应商或生产商）来完成。

“人人电商”的这种运营模式使其与传统电商显著地区别开来，它让每个用户能够通过电商的方式获得收益，同时所投入的成本趋近于零。单从这个方面来看，目前传统的电商模式是无法做到的。这就是“人人电商”真正的“魅力”所在，也是其价值所在。

2.2.2 电商保险，售假三倍赔付

对于前文我们谈到的电商面临的三大无解难题，“人人电商”模式都能找到杜绝之法。

对于电商店铺的售假问题，“人人电商”采用的是三倍赔付的策略。这是为了确保消费者的合法权益，打击销售假货的商家，

“人人电商”系统会在每一笔交易中的买家付款后，自动冻结卖家店铺产品销售价格三倍的资金，待交易完成后，再自动返还给卖家。

有消费者购买了价值 100 元的商品，那么在交易流程中的买家付款后，“人人电商”系统会自动冻结卖家店铺 300 元作为预存赔付基金，如果交易顺利完成，这 300 元自动返还给卖家；如果买家投诉商品是假货，那么“人人电商”会启动商品鉴定机制，由平台出面协助进行商品鉴定，一旦鉴定为假货，那么系统会自动进入三倍赔付流程，即把卖家冻结的 300 元转入买家账户。

在这个机制中，鉴定环节其实相对复杂一些，毕竟由于用户来自五湖四海，因此对假货的鉴定存在跨地域的难度。为此，“人人电商”平台的创建方阿凡达集团在全世界各地都建立起了区域服务中心，能够对用户的鉴定需求做出及时响应。

对于平台上的卖家店铺来说，“三倍赔付”也并非强制性的，在“人人电商”后台的产品上传环节，有一个“三倍赔付”选项，卖家可以自由勾选，如图 2-1 所示。

商品三倍赔付：　✔ 说明：参加三倍赔付，提高产品销量（买家付款后，将冻结卖家三倍的资金，待交易完成后，自动退回）

图 2-1 “人人电商”后台截图图例

如果卖家选择“三倍赔付”则在交易流程中相应实施三倍商品资金冻结；如果卖家不选择“三倍赔付”则在交易流程中并不会冻结卖家的商品资金。不过在卖家商品的展示页面里，选择“三倍赔付”的商品将被以特定的标记标明，让消费者能够一目了然地看到；而没有选择“三倍赔付”的商品则不会有这一标记。

很显然，在“人人电商”的平台上，“三倍赔付”是作为一种信誉而存在的，它能够增加消费者对商品的信赖度，而反之没有“三倍赔付”的商品则从某种意义上表明了商家对自己所售商品的不自信。因此，尽管“三倍赔付”机制并非强加给卖家，但实际上对卖家而言却是一种无形的信用压力。

综上所述，“三倍赔付”机制通过让商家承担三倍于商品价格的损失来抑制电商售假行为，并且由于通过三倍赔付给利益受到损害的用户进行补偿，使用户能够更加放心地在平台上进行购买交易。这一机制存在的最大意义在于找到了一个“全民打假与系统打假”相结合的方式，通过用户与平台共同的协作来杜绝电商售假。

2.2.3 面对谎言，启动系统清除机制

面对附着在传统电商信用体系上的差评产业链，“人人电商”采用的是系统公告与系统清除机制。

所谓的系统公告是指当有恶意差评发生时，受害店铺可以通过投诉的方式向系统反映问题，并举证。“人人电商”平台会对恶意差评进行彻底调查，一旦确定为“恶意差评”，系统则会在首页显著的公告位置发布对受害店铺的“正名公告”。

一家店铺的价值100元的商品被恶意差评，店铺通过投诉渠道对差评进行投诉并把商品提交“人人电商”平台进行检测，

在确定商品没有问题而是店铺遭受恶意差评攻击后，“人人电商”平台在平台首页的公告栏发布了一条公告：“经平台与权威质检机构验证，×× 店铺发布的 ×× 商品不存在质量问题，×× 店铺遭到的是一次恶意差评攻击，特此证明。”

“正名公告”的作用不仅在于澄清事实，让恶意差评无法得逞，更重要的是它对于卖家来说是一个免费的黄金广告。由于公告栏所处的位置在首页黄金区域，因此发布这样的公告对受害店铺来说不仅洗清了冤屈，还免费进行了店铺、商品的展示，可谓一举两得。

除了发布“正名公告”保证被恶意攻击店铺的名誉外，“人人电商”还针对恶意差评发布者建立了系统清除机制。系统清除机制是一个具有惩戒功能的机制，对于频繁发布恶意差评的用户，系统清除机制将会对该用户进行封号，彻底清除出“人人电商”平台。由于用户在“人人电商”平台上采用的是实名注册，因此一旦被清出平台，就意味着该用户将永远无法使用“人人电商”平台。基于平台的全球化属性，这一机制的惩戒力度可谓非常之大。它不仅关闭了用户的电商店铺，阻断了用户通过平台盈利的途径，甚至会直接影响用户的网络购物行为。

2.2.4　用精密算法控制信用盗刷

对于令传统电商信誉严重受损的“刷信用”行为，“人人电商”平台同样也有应对之法：那就是通过精密算法计算出的交易利润分成模式。

在“人人电商”平台上其实有三个角色：产品提供商、普通用户店铺和购买者。“人人电商”平台上的所有商品都由每个商品的提供商上传，然后同步展示在所有用户的店铺中。一旦购买者在某个店铺发生了交易，那么该店铺将获得商品利润的 50%。这个利润是如何计算而来的？它是商品的提供商在上传时输入的零售价与成本价之间的差额（在“人人电商”平台上所有的商品都必须输入零售卖价与成本价）。

由于利润额度的存在使“刷信用”再也不是低成本甚至无成本的操作了。每一笔信用代表着一次成交，那么都需要付出相应的成本。对商品的提供商店铺来说，每一次“刷信用”所损失的至少是商品 50% 的利润（在不包含平台服务费的前提下）；而对于普通用户的店铺而言，“刷信用”的金钱损失更大，因为商品成本要返还给商品的提供商。

如此一来，“刷信用”就成为一桩非常不划算的买卖，“人人电商”模式就是通过这种独特的精密算法来杜绝电商平台信用盗刷的风险。

2.3 让成本归零

“人人电商”模式的另一大特点就是把对成本的控制做到极致，因为在这个平台上无论是开店铺还是维护店铺都无需付出任何成本。

2.3.1 传统电商成本核算

对于传统的电商平台而言，付出成本是天经地义的，毕竟做生意总要投入才会有回报。如果总结起来，电商成本主要包括以下几个方面，如图 2-2 所示。

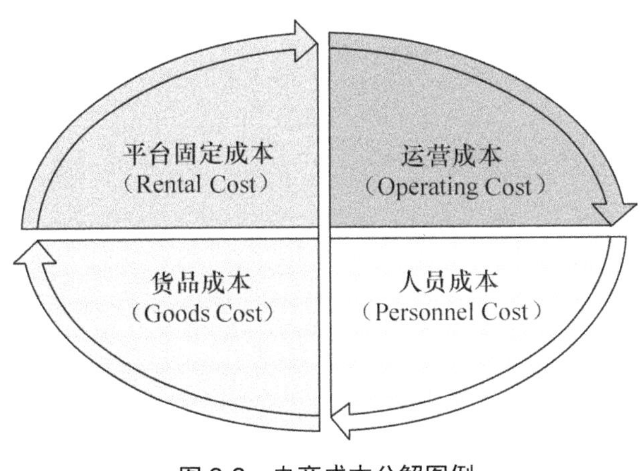

图 2-2　电商成本分解图例

第一种成本是平台固定成本。这部分成本可以算作电商店铺运营的基本建设成本，如电商平台对开店商家所收取的保证金、技术服务年费或者实时划扣技术服务费等。

第二种成本是运营成本。这部分成本是电商店铺在运用过程中所付出的成本，它包括硬件成本与软件成本。其中硬件成本包括电商运营所需要付出的一次性或固定额度的硬件成本，如打印机、扫码枪等。软件成本指的是电商运营所需要做的推广成本，如 CPC（按点击效果付费）、CPM（按展现付费）、CPT（单位时长付费）和 CPS（按效果付费）等广告成本。

第三种成本是货品成本。这部分成本很容易理解，它是电商运营的核心成本，主要包括商品的制造成本、库存成本、仓库管理成本和货品残损成本等。

第四种成本是人员成本。这部分成本属于电商运营的支撑成本，主要包含人工成本、场地成本、管理成本和办公设备成本等。

对于传统电商店铺而言，想要保证店铺的正常运营，上述成本是不可或缺的，即使想要精简也很难完全省去。在电商平台价格战如此激烈的市场环境里，电商平台的年成本、店铺推广成本与人工成本越来越高，电商运营的综合成本不断提升，极大地压缩了店铺的利润，让大部分店铺的生存变得越发困难。

2.3.2 成本瓶颈，裂变破局

面对电商成本居高不下的现状，“人人电商”模式通过裂变技术找到了成本的破局之道。裂变技术是“人人电商”模式里的核心技术之一，它通过裂变的方式可以在一瞬间大批量地生成电商店铺，无需任何构建成本。

在“人人电商”的平台下，这些由裂变而来的个人商城被无偿地赠送给每一个平台用户，让每个用户无需付出任何成本就拥有了属于自己的个人商城。同时，对于这些商城“人人电商”平台并不收取任何技术服务费用，也就是说拥有了个人商城的用户不用担心会为这个商城支付任何平台成本。

在运营方面，基于即时同步的共享技术，“人人电商”平台下的所有个人商城其实都无需进行任何形式的维护，商品的上传、分类、调价等都由系统根据商品提供商的指令自动更新生成，无需用户操心。在商城的运营上，用户除了关注自己商城的订单交易外，就是对商城进行一些个性化的定制设计，除此之外根本不用做其他事情。自身商城的推广在 QQ 群、朋友圈等社交平台上就能够完成。

电商最重要的货品成本在“人人电商”模式中根本就不存在。这是因为平台中所有的商品都是由商品的供应商上传及维护，同步展现在商城的所有店铺中，因此对于普通用户而言，其店铺里的任何商品其实都不是自己的。用户店铺所做的仅仅是借助商城进行代销，按成交的利润进行分成，因此既不需要商品的制造成本，也不需要库存成本与仓库管理成本。

相对于传统电商繁复的人工成本，在“人人电商”模式下，普通用户的店铺实际上仅仅是一条用户购买渠道，就像中转站一样，而用户购买的对象是商品供应者。因此在交易过程里交易店铺的用户根本无需参与交易，仅仅在成交后进行利润分成即可。在这种情况下，无论是售前咨询、交易发货还是售后服务，均无需交易店铺的用户操心，也就并无人工成本付出。

综上所述，“人人电商”的模式打破了电商传统模式下的成本枷锁，让电商店铺再也不用在成本与利润的狭小缝隙中艰难生存。这是“人人电商”独有的店铺经营模式，这个模式符合互联网时代快速、简洁、有效的特征，它彻底去除了电商大厦前所有的门槛，让用户体验到了一种无需任何操作就可以实现电商销售的“傻瓜电商”模式。

2.4 成就不同角色

在电商体系下的不同角色在“人人电商”的模式里所获得的并不仅仅是利润这么简单，无论是商家、个人用户还是平台本身，通过“人人电商”获得的是更大的成就。

2.4.1 人人皆电商，人人皆免费

对于平台来说，“人人皆电商，人人皆免费”是“人人电商”平台存在的基础理念，从设计到实施，这一理念贯穿始终。

在这一理念中，免费的概念比较容易理解，那就是平台将永久对所有用户提供免费服务，包含免费使用平台资源、免费获得店铺、免费获得平台的技术支持等。电子商务在兴起时就是从“免费”开始的，经过了这些年的发展，为了盈利，平台逐渐开始收取费用。而“人人电商”所做的是通过“免费”的方式把用户带回电子商务的初始，让用户重新享受“免费”，重新找到互联网平台资源共享的初始感觉。

“人人皆电商”则是我创立这一平台所要实现的终极目标。它是在全球化互联网的背景下自然而然出现的。这一目标的实现是对互联网跨区域应用的一次绝对呈现，同时也是电商普及到极致的特征表现，它是平台获得最大成就的主要途径。当然我心中十分清楚，它代表的是一种理想化的状态，期间必须经历一个长期的过程。

“人人皆电商”的目标为平台带来的价值是不可估量的。当“人人电商”平台把全世界所有的用户都连接在一起的时候，它的价值就不仅仅局限于商品交易的电子化这一层面了，而是拥有了用户的大数据价值、商品的大数据价值、跨区域的商贸价值、资源的共享价值，甚至文化的交互价值，等等。

拥有了这些价值，“人人电商”平台无论从用户使用层面还是商业运作层面都会成为一个含金量十足的平台，它所独创的模式也会成为电商发展过程中一道亮丽的风景线。

2.4.2　给你一张个人电商名片

对于普通用户而言，在“人人电商”上拥有个人化实名制的永久店铺所带来的收益是非常直观的，相当于为用户开辟了一条个人盈利的渠道，让人人都可以通过电商挣到钱。除此之外，当“人人电商”在世界范围内通用的时候，它也就自然成为一张人们在社会交往中必不可少的个人电商名片。

“人人电商”为用户带来的成就首先是个人财务上的，它无需花费用户太多精力就能实现规模化的创收。它的方便、快捷特征让这条赚钱之路没有任何难度可言，试问当今互联网领域的盈利应用里，还有比“人人电商”更好的吗？答案显而易见。

同时，“人人电商”还为用户带来了一条创业的道路。由于在平台上遍布着全世界各地的商品生产商与渠道商，其中的商机数不胜数，对于商业嗅觉敏锐的用户来说，完全可以把“人人电商”平台当作一个创业载体，从中获得更大的成就。

除此之外，“人人电商”还能够为用户带来社交成就。有一个著名的社会学理论叫七人定律，它是指每一个人都可以通过六个中间人认识到世界上任何的第七个人。而在“人人电商”的平台上全世界的用户都被连接在一起，它为用户带来了大量社交资源，让用户能够容易地通过各种关联认识到更多的人。

2.4.3 打开企业销售通路

对于企业来说，“人人电商”平台能够带来的更多。

首先，“人人电商”这种全民电商形式相当于为企业带来了数不胜数的网络店铺销售终端，让企业的产品或服务在全平台展示，不仅覆盖率高，而且成交率高。

其次，“人人电商”通过成本的透明化使商品的销售价格得到控制，杜绝了恶性价格竞争，保证了企业的基本利益。由于价格的一致性，让企业在各个销售区域内能够建立完善的价格体系，大大提升企业在市场中的生存能力。

第三，“人人电商”让企业有机会走出区域，真正实现跨区域发展。通过“人人电商”平台，企业的产品可以无门槛地销售到世界各个地方，无论对于企业品牌的成长，还是对于产品的销售都有着积极的促进作用。

最后，“人人电商”的区域化模型不仅方便企业对下属区域供应商进行管理，更能够帮助企业进行免费的区域招商。由于平台提供区域筛选功能以及招商功能，因此企业通过平台进行区域招商非常方便。这一功能解决了企业的招商难题，让企业能够零成本地构建起区域代理商网络，从而完成整体销售网络的全球覆盖。

2.4.4 打破行业电商成长瓶颈

对于行业而言，“人人电商”的出现让行业电商迎来了发展的契机。以往，尽管电子商务如火如荼，但是在行业电商领域成绩却并不令人满意。行业的主体当然是企业，但对传统行业来说，企业可以在电商平台上进行销售，也仅仅是企业自身的单打独斗，电商平台尽管具有一定的行业属性，但毕竟从商品分类到销售，没有清晰的行业特征。在电子商务越来越向垂直化发展的今天，行业作为垂直化的细分领域在电商化的发展过程中不仅有规范化的需要，而且还有规模化销售的需求。

目前，行业电商平台无法与传统的大电商平台相比，无论从流量还是专业化程度都非常欠缺，这已经成为行业电商发展的瓶颈。“人人电商”平台的出现为行业电商提供了专属阵地。“人人电商”的店铺具有架构灵活的特点，它能够根据店铺商家的意愿对商品进行分类展示，这一功能可以成为诠释商品行业属性的条件。

举例来说，用户可以在店铺里自由选择商品的类型并展示，例如，当一个用户的店铺展示的全都是来自全球各地的运动鞋这类商品的时候，店铺本身已经具有了“运动鞋行业电商”的属性。基于“人人电商”的巨大用户流量与商品数量，架构在此之上的电商店铺显然更具有行业代表性，同时被一并解决的还有目前传统行业电商平台面临的访问量问题与商品品类问题。

除此之外，“人人电商”平台还提供了很多框架式的店铺版式设计供用户选择，用户也可以自己进行定制化的店铺设计，这些功能让用户在店铺策划与实施的时候具有很高的自由度，同时也能更好地诠释在“人人电商”大平台下行业电商平台的行业特征。上述这些就是“人人电商”为行业电商带来的突破之处。

本章我向读者分享了“人人电商”的大体模式，想必读者朋友们通过阅读能够对“人人电商”的概念有了一个框架认识。从第 3 章开始，我将从技术与具体的实施角度为读者朋友们详细讲述“人人电商”的构建方式与运营方式，其中包含着很多目前互联网领域最先进的理念和技术，希望能够带给读者更大的启发。

第3章

用“裂变”开启互联新“视界”

当今的互联网，尽管在模式、交互性及用户体验等方面来给用户带来了一定的便利，但如果从技术的角度来看，几乎所有的主流技术所创造出的功能都是基于“一对一”的模式，即一种技术实现一种功能需求。例如，建站技术所解决的是网站搭建的问题，而搜索技术实现的是对庞大互联网信息库的检索需求……

由这些技术支撑起的互联网世界其实只能说是一个“手动”的世界，它做到了用某个技术创造性地实现某项功能，却还没有做到通过技术来实现某项功能的“自动化”生产，这不能不说是一种遗憾。

3.1 人人电商，“裂变”为王

在我对未来互联网的定义中，一种全新的技术所带来的互联网“自动化”创造是这个定义里最重要的部分之一。在我的互联网思维里，完全自动化的互联网功能生产是未来互联网世界的重要发展方向之一。

那么，有人可能会问：你所说的自动化生产必须由技术来支持，那么这种技术是否存在呢？我的回答当然是肯定的，这种技术不仅存在，而且发展至今已经相当成熟，我把它命名为“裂变”。

3.1.1 “裂变”思想颠覆传统思维

在传统的互联网思维中，通过技术来实现功能是一个单线性结构，技术解决的是如何实现功能的问题。这其实是一个相对初级的模式，把这个模式做到极致无非是把由用户需求而来的功能实现得更为强大一些。正如上文我所说的，它仍然是“手动”的，由技术演化而成功能并不具备自我创造的能力。而“裂变”则不然，它是一个单程的多线性结构，它与传统技术最大的不同在于裂变赋予了“技术成果”以原动力，并通过这种原动力实现了技术能量的无损传递，从而使这项“技术成果”具有了自动创造的生命力。

以网络建站为例，传统的互联网思维与技术实现的是构建网站框架体系，然后就到此为止了。我们可以看到有很多以此为生的企业，拥有很多具有建站能力的技术员，针对客户的要求搭建网站平台，然后再把成型的网站卖给客户。这其实就是一个手动生产网站的流程，这种模式是基于网站搭建技术、网站设计技术与网站后台技术等相关技术的综合作用的结果。这类企业就像房地产商一样，建好一栋楼，然后把这栋楼卖掉；再用一段时间去建另一栋楼，然后再卖掉，如此往复。

从某种意义上来说，这种相当直白的网站“生产”模式甚至还不如传统企业的自动化生产线，它的效率低下，花费了大量的人力、财力和时间成本，并且产品不具备再生能力。很显然，这种固有的互联网思维不能适应互联网向前发展的需求，那么取代这种传统建站模式依靠的就是“裂变”思维。

阿凡达公司的核心技术之一就是“裂变”技术，这种技术基于一种“派生”理论，如图3-1所示。它只需要建立一个网站就可以以这个网站为原点瞬间裂变出无数个网站。在阿凡达的电商平台上，每一个注册用户都具有“裂变”的权限，他们可以以自己的电商平台为原点为自己的亲朋好友“变”出属于他们的电商平台，用户只需把这些亲朋好友的通讯号码、社交账号等身份识别方式输入即可一键实现“裂变”，让自己周围的人瞬间拥有一个完美的电商平台。

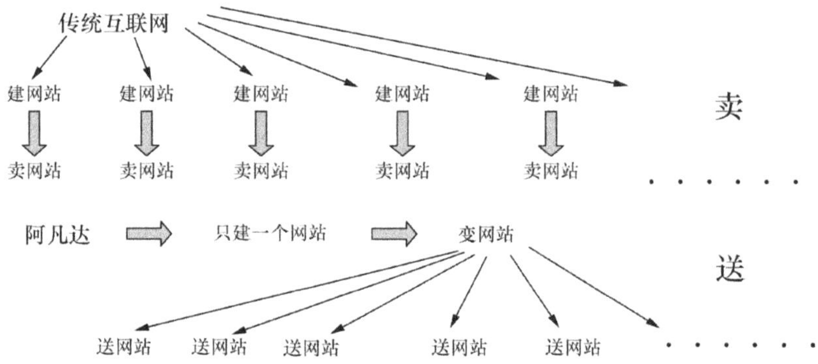

图 3-1　阿凡达“裂变”技术与传统网络建站的区别

从上面的案例可以感受到，阿凡达公司的“裂变”技术所带来的是一个颠覆性的变革。它不仅是技术层面的颠覆，更是模式层面的颠覆。通过裂变技术，阿凡达不仅实现了网站的自动化生产与批量化管理，更在网络建站模式上颠覆了过去传统的“建网站、卖网站”模式，只建立一个主站，然后裂变出成千上万个子站，并把裂变后的网站送给用户，实现了个人用户网站资源的普及化，让每一个用户真正拥有属于自己的个人电商平台。

3.1.2　由一而生，无限扩展

“裂变”技术在当今的互联网世界是一门具有前瞻性的技术，它是以一个单一个体为裂变目标，通过技术上的拆分与重组把这个个体进行复制与再造，从而生成多个新个体的技术。

“裂变”的这个名称来源于很早就出现在科学领域中的“核裂变”。“核裂变”指的是由重的原子核，主要是指铀核或钚核，分裂成两个或多个质量较小的原子的一种核反应形式。直观来讲，“核裂变”是一个原子核分裂成几个原子核的变化。在“核裂变”中，分裂而成的原子核仍然存在着裂变的可能，这被称为“核裂变的链式反应”。而阿凡达“裂变”技术也同样具有“链式反应”的能力，由裂变源网站裂变出的新网站，同样能够成为下一个裂变源，从而把“裂变”的行为一直持续下去。

裂变思维的逻辑在于通过对一个主目标实施裂变，派生出新的个体，这些个体有着自己的思维，可以决定是否采用裂变来继续扩展下限。也就是说每一个被裂变出的个体都可能成为下一次裂变的主体，这种无限往复的派生方式使裂变得以生生不息地持续下去。随着越来越多的裂变体出现，就实现了在互联网中的用户聚合、资源聚合、金钱聚合等多种聚合方式。裂变的这一过程清晰地展现出了一种由一而生、无限扩展的行为轨迹。

裂变技术不仅能够实现网站平台的派生复制，更重要的是这种技术能够使用户随心所欲，想怎么变就怎么变，从而更加突出个性化特征。如果我们把裂变而成的网站看成一间房子，那么阿凡达所做的就是通过裂变为每个用户提供一间免费的房子，而在这个属于用户自己的房子里，用户想如何装修、如何设计，甚至把房子砸了，那也是用户自己的事情，与大平台的管理者无关。

按照阿凡达的设想，这种技术能够让全中国的 13 亿人乃至全世界的几十亿人都在瞬间拥有自己的个人网站平台，从而真正实现让所有人与互联网产生连接、让所有人彼此连接的全球一体大互联的愿景。

阿凡达认为，当今的互联网其实并不是真正的“人人互联”，尽管随着网络社交平台的崛起，让用户之间的互通性得到了大幅提升，但由于国家壁垒、行业壁垒、族群壁垒等障碍的存在，在全球范围内实现“互联大同”仍然存在着相当大的困难。纵观整个世界的无壁垒领域，其实最为用户所接受的就是电子商务。因此，阿凡达把裂变技术首先应用在电子商务领域，就是希望通过建立人人电商的新互联模式最终实现全世界所有角落的互联互通。

在阿凡达看来，裂变技术在互联网里的应用将成为一次划时代的思维创新，它带来的不仅是一门新的互联网技术，更是一系列新的模式、新的思维与新的体验。

3.1.3 “裂变”的技术模式核心

“裂变”的商业模式其实并不复杂，但其核心的技术模型却并非看上去那么简单。它不是以简单的复制来实现最终的裂变过程，而是通过再造和重组来塑造裂变后的新个体，正因如此，我们可以这样理解“裂变”的技术模式核心：它是以样本为参照物，通过对样本的模块进行分解、重组来形成对新个体的创造。

裂变从技术上来说是一个极其复杂的过程，它需要读取裂变目标的架构与内容，然后进行模块化，把目标按一定的条件进行分解。被分解的部分我们可以称之为“单元”，而“裂变”的过程就是把这些单元进行复制，然后根据不同的裂变条件重新组合在一起形成新的个体。

裂变技术在互联网里的应用实际上是**为了增大裂变源的辐射范围，从而形成一个以裂变源为源头向外逐层扩散的树状模型**。仔细想来它与目前流行的“去中心化”网络社交的模式类似，我们可以把网络社交行为看作一个话题在不同社交用户之间传播扩散的过程，在这个过程中用户与用户之间相互满足了社交需求。而随着话题传播面的扩大，成几何次方数量的用户在话题传播时所起到的作用将最终导致话题的影响波及现实，把传播的力量转化为现实的能量，这就是我们常说的“由量变的过程达到质变的结果”。

“裂变”所形成的效应也同样具有从量变到质变的威力。我们仍然以阿凡达裂变的电商应用为例。当裂变的结果不断扩大时意味着参与进来的用户数量在不断扩大，可以想象当用户把发散式裂变做到极致的时候，就会完成裂变所带来的量变，即数量足够庞大的用户在阿凡达的平台上拥有了自己的电商网站，随之而来的质变在哪里？

首先是大数据的采集其实已经同步完成了。每个用户拥有属于自己的用户数据库，作为裂变源头的用户拥有的将是其所有裂变下线用户的信息数据。

其次是财富的汇聚。基于电商的交易模式，用户通过阿凡达电商平台进行交易的时候，资金的流动都将在阿凡达平台上完成，这就是财富汇聚。当然还有更多质变的结果，在本书的其他章节我们再做详细的介绍。

总而言之，我们可以看出裂变技术非常适合互联网的发展思维，它是一项具有前瞻性的技术。裂变技术的出现对互联网自动化生产的推动作用显而易见，同时它还具有很多好处，我们可以称之为“裂变”的优势。下面的章节我们就一起来看看“裂变”到底具有哪些优势。

3.2 用“裂变”突破限制

如果把“手动化”与“自动化”进行对比，我们很容易发现二者之间的区别，也很容易找到“自动化”相较于“手动化”所具备的优势。在传统企业的生产过程中这已经被反复证实过了。而对于与传统技术相比“裂变”的优势不仅表现表现在“自动化”的层面。

3.2.1 打破时间禁锢

传统的互联网技术从顶层设计到基础实施需要经历相当长的时间，对于那些已经十分成熟的技术而言，在时间成本的控制上已经做到了极致，但用它们来进行设计和实施所需要付出的时间成本仍然很高。比如，即使凭借如今相当成熟的网络建站技术，在网站开发上所投入的时间周期仍然不可能少于 3 个月。这是由于在网站前端设计、后台设计、内容整合和功能实现等各个方面都需要花费时间，即使使用通用的模板，在技术支持层面仍然不能达到全自动实施的效果，还需要开发人员对局部进行调整与设计。

在互联网技术领域，一方面，人们确实对指令访问数据库的时长进行了有效的改善，如今很多采用改进技术实现的功能已经极大地缩短了调用数据库或访问数据库的响应时间，然而这仅仅提升了开发者的一些自身效率而已。对于互联网产品化的开发而言，在整体时间成本的控制上目前并不能找到大幅降低时间成本的手段。

另一方面，并不是每个用户都对技术了如指掌，都能够运用最新的网络技术来搭建属于自己的网站平台。技术的高门槛对于普通用户来说无疑是有隔阂的，是不易接近的。这更增加了普通用户自行建站的时间成本。当然如果愿意付出一些代价，也可以采用外包的方式来实现需求。但是，无论通过何种方式，用户所付出的时间成本都不可能被无视掉。

裂变技术的出现让用户可以真正意义上第一次无视时间成本的付出了。裂变技术的一个重要的关键词就是“瞬间派生”，通过这种技术可以瞬间派生出无数个独立网站，其在服务器上实施裂变时所花费的运算时间几乎可以忽略不计。这就是“裂变”最大的优势之一。

与传统的互联网产品生产相比，裂变技术打破了时间的禁锢，从对裂变源模块化的处理、再造，到重新生成新的个体都在几乎感觉不到的极短时间内完成，无需再花费大量时间重复开发第二个、第三个……因此我们把“裂变”的这种特性定义为“自动化”。

当然，“裂变”的这种所谓的自动化与传统企业的自动化有着本质的不同，传统的“自动化”定义是指机器设备、系统或生产、管理过程在没有人或较少人的直接参与下，按照人的要求，经过自动检测、信息处理、分析判断和操纵控制，实现预期目标的过程。如果从生产的角度来看，它实际上是一个简单复制的过程。而“裂变”尽管也具有由一变多的特征，但由于在裂变过程中存在着重组和再造，因此裂变后的结果其实存在着差异。不过从批量派生与时间成本节约的角度来看，我们姑且可以把裂变的行为划入互联网“自动化”生产的范畴。

“裂变”技术的出现打破了长期存在于互联网领域里的产品生产逻辑，它的出现大大降低了相似情景下产品功能开发的难度。从几乎不需要耗费任何时间成本这方面来看，目前在互联网中流行的技术很难做到这一点。

3.2.2 脱离成本桎梏

“裂变”的第二个优势就是通过无限的派生让生产的成本降至为零，彻底使互联网产品生产脱离了成本的桎梏。

在上节里谈到的时间成本其实也可以算作一种成本，我们更愿意把它看作无形成本，因此在本节我们不把它算在内，而只谈有形成本。在有形成本中主要包含设备、资金和人力等。

我们仍然以网络建站为例。对于设备成本而言，在传统网络建站的过程，每一次实施至少需要电脑设备的成本支出，尽管设备可以反复使用，但设备的损耗其实是客观存在的。因此在反复的生产过程中，我们不能忽视设备由于损耗所产生的成本。而裂变技术的实施虽然也要通过电脑设备来完成，但由于具有瞬间无限量的派生特性，这种设备上的损耗所产生的成本几乎可以忽略不计。

对于人力成本而言，在传统网络建站的过程中，需要不同角色的人力去操作实施，如网站设计人员、内容编辑、后台程序人员和项目策划人员等，因此人力成本的支出不仅存在而且相当可观。反观“裂变”，唯一的人力成本就是通过手指去按下“裂变”按钮，这个成本如何计算？我们只能说它趋近于“零”。

对于资金成本而言，在传统网络建站的过程中一直伴随存在，如设计人员从图库购买素材等，这部分成本虽然会在售卖的时候进行充抵，但却是真实存在的。对于“裂变”而言，则无需任何资金成本。整个的裂变过程从开始的指令输入到完成后的结果输出，没有任何资金成本付出，因此这部分成本在计算上并不是趋近于“零”，而是等于“零”。

综上所述，我们可以看到，在设备、人力与资金这些最重要的有形成本计算项目中，裂变所付出的有形成本趋近于“零”。“零”成本的互联网生产在过去是不可想象的，然而随着裂变技术的出现，这种理想化的情景出现在了互联网世界中。

3.2.3 带来共享思维

与其说“裂变”带来的是一门新技术，倒不如说它带来的是一个新的思维模式更为合适。裂变技术颠覆了传统互联网的产品生产模式，这仅仅是一个表面的现象，如果向更深层去挖掘，我们就会发现，随着“裂变”的出现，很多传统互联网的思维与壁垒都被打破，一些新的思维有了用武之地，其中最重要的一方面就是共享。

共享思维在互联网世界里并不是什么新鲜的概念，从有互联网的那一刻起，共享思维便随之出现。在互联网飞速发展的今天，共享更是成为其中一个重要的组成部分。从文件的共享开始，共享思维似乎渗透在互联网的方方面面，然而对于任何企业、任何平台、任何人而言，其实无法实现共享的初衷，甚至可以说，对于绝对的“共享”存在抵触。

这一点也不难理解，谁会愿意把自己最新的、最核心的、最重要的东西拿出来与别人分享呢？有鉴于此，其实互联网里的共享思维存在着严重的“自欺欺人”特征，我们能够共享到的仅仅是一些无关紧要的信息与文件。

然而，“裂变”所带来的是一个彻底的共享思维，从这个角度来看，把“裂变”看作一种思维上的颠覆更为合适。由于裂变的原理是通过裂变源分解出新的个体，因此裂变源所有的信息内容、架构结构，甚至技术功能在裂变后都被毫无保留地传递给了新个体，这就使新个体继承了裂变源的一切特征。

我们可以把裂变的过程看成一个共享的过程，由于没有任何人为参与，使这一过程在能量传递上没有任何能量散失，这就保证了共享的彻底性。要知道由于每一次裂变针对的是不同的用户，每一个用户可以继承一个裂变后的新个体，因此当新用户继承新裂变后的新产品的时候，实际上也是继承了裂变源所共享的一切。这就是裂变所带来的彻底的共享思维。

在阿凡达的电商项目中，共享是非常重要的一个特征，它的起始点就是裂变。因此我们才会把裂变看作一个共享思维的开端。我更愿意从思维的角度而不是技术的角度来看待裂变，这是因为技术仅仅是实现构想的一种手段而已，而只有真正的颠覆性思维，才是世界不断向前演进的核心动力所在。

3.3 裂变技术带来的定制化优势

裂变技术带来的不仅仅是时间的解放与成本的归零，还带来了具有显著个性化色彩的一系列电商平台定制功能。这些功能让裂变摆脱了千篇一律的定式，回归到互联网用户个性化需求的层面，这也可以看作裂变技术衍生出的最大优势。

3.3.1 网址域名贴个人化标签

经过裂变后的新生子平台（即每个用户的专属商城店铺），可以使用自己设定的网站域名，这是“人人电商”平台最重要的个性化功能之一。

裂变技术所产生的新店铺会被系统自动赋予一个域名，然而这个域名并没有实际记忆的价值，这种情况在网络平台域名派生中很常见。商城店铺的私有性使其成为用户固定资产的一部分，因此为了方便用户记忆以及推广，一个个人化的域名就显得非常重要。

“人人电商”平台提供了域名修改功能，可以实现用户的个人化域名设定，用户只需要输入一个自己喜欢的域名就可以在今后一直沿用此域名。

了解域名管理的读者对此可能更容易理解，域名是一个网络空间的指向标记，在以往如果想要修改域名是非常复杂的一件事。其中一种方式是重新到域名注册机构注册一个新域名，然后通过域名管理系统把新域名定向到网站空间的 IP 地址，从而实现通过新域名访问的目的。这种方式实际上等于重新注册一个新域名。对于普通用户来说这种方式的实施难度很高。而“人人电商”平台所提供的域名修改功能基于域名转发解析的方式，从而能够更快捷地实现用户对域名的修改需求，在修改过程中并无任何技术难度。

我们可以把个人化域名看成用户对自己添加的一个标签，它能够使用户的商城更容易地被识别与被记忆，这不仅有利于推广商城平台，更带有浓厚的个人化色彩。

3.3.2 私人化店铺设计

不仅是域名的个人化，在“人人电商”平台上的所有商城都可以根据用户自身的需求随意修改店铺设计，这是裂变技术带来的另一个优势。

经过裂变后的商城拥有一个基本的版式设定与内容抓取方式，很显然这种固定的商城模式并不能满足每个用户的需求。为了让商城的架构更加灵活，我们在裂变技术里加入了个性化定制商城的功能，这一功能实现了一系列用户对商城的个性化设计，包括排版布局、栏目设定和商品展示品类等，甚至用户还可以把商城改造成更为多元化的网站模型，如博客、专业网站等。

在目前传统的电商店铺装修功能中，能够实现对店铺的模块化修改，甚至对店铺页面的布局也可以做到随意而为，然而却没有一家电商平台能够提供把店铺改变为私人化网站的功能。也就是说无论如何修改，店铺看上去都还是店铺，而不是别的。在“人人电商”平台上，店铺除了装修功能外还增加了“变身”功能。

这个功能的设计充分考虑到了用户的个性化需求。由于不是所有用户都对开通网店感兴趣，因此“人人电商”平台基于网络商城的载体开发出了更多的衍生形式。如果用户喜欢发表自己的观点与看法，并愿意与他人共享这些内容信息，那么他就可以把商城改变为一个私人博客，弱化商城的销售属性，而增强社交属性；如果用户在自己的专业领域有很深的建树，希望与他人共享自己的专业知识，那么他就可以把商城改变为一个专业性学术网站，用来发布专业知识及与同行互通，那么这时候商城就变为了一个专业站点……

综上所述，实际上“人人电商”平台在商城“自定义”层面与传统的电商平台还是有所区别的，其中最重要的一点就是商城展现形式的多样化。“人人电商”平台上的商城不仅包含一个标准化商城模式，而且还可能是以其他网站形式为主体，商城功能为辅助的模式。

这种灵活的设计实际上相当于免费为用户建好了一个房子，然后由用户主导进行室内设计，用户既可以用这个房子来当小卖部，也可以用这个房子来当专卖店，更可以用它作画室、图书馆……

3.3.3　私人化数据存储

裂变技术带来的另一个定制化优势就是私人化的数据存储功能。它指的是用户自己商城的所有数据，包括交易数据、财务数据和个人信息数据等，都可以存入自己专属的服务器。这个功能所带来的好处是用户可以随时提取数据，方便用户对数据的使用、共享。

对于企业来说，私人化的数据存储有更重要的作用。以往企业通过第三方电商平台销售，导致不能获得准确的全方位销售数据，使企业对实际销售情况缺乏控制，进而影响生产、配送、仓储等一系列环节，这就是很多企业都要自建电商平台的原因。

而在阿凡达构建的“人人电商”平台上，每个用户的商城数据都存储在独立设置的服务器内，这就相当于在每个用户专属的房子里建造了一个专门的抽屉用来存放商城数据，这样的功能设计使企业真正实现了对销售的自主控制，摆脱了“寄人篱下”的传统供应商角色所带来的数据掌控弊端。

基于对服务器的需求，阿凡达采用的是区域化服务器配置的形式，即根据不同的区域分别配置相应的服务器。这样一来不仅满足了用户数据的存储需求，同时在安全问题上也能够做到万无一失。因此平台总站与各个商城子站的服务器数据存储就形成了一个关联的树状结构，这在目前的电商平台里还绝无仅有。

3.3.4 个人商城独立运行

由于有了独立的服务器支持，“人人电商”平台上的所有商城都具有了独立的特性，这个独立性还表现在个人商城的独立运行层面。独立运行是指当“人人电商”平台的主站被关闭后，其平台上的商城子站仍然能够自动运行，独立访问。

我们都知道当一个平台主站关闭后，其下属的所有网页都将无法访问。尽管这属于小概率事件，但对用户的影响却非常大，特别是对商家而言，对销售的影响显而易见。“人人电商”平台恰恰改变了这个局面，由于拥有独立的服务器，用户不用再担心平台当机所带来的集群式负面影响，它使服务器的问题被控制在很小的范围里，不至于影响到整个平台的所有商城。

“人人电商”的这一特征使它与其他传统第三方电商平台明显区别开来，它也成为“人人电商”平台定制化的重要优势之一。

本章介绍了裂变技术在“人人电商”模式下的应用，这个具有前瞻性特点的网络技术，实际上可以被应用在很多领域中，我把它运用在电商领域，是因为我认为跨越互联网区域化的起点就是电子商务。电子商务是一个全球通用的经济活动，它是全球用户都极度依赖的一种互联网行为，具有很强的共鸣性与通用性。我把它当作中国的网络经济敲响世界互联网大门的敲门砖，因此裂变技术在电子商务领域的应用可以说是一次尝试、一次局部的创新，其真正目的在于让电子商务具有国际化的属性。

第4章

同步共享，售卖全球

阿凡达所构建的“人人电商”平台，除了裂变技术外，另一个创新亮点是“同步共享”。同步共享实际上是两个概念的叠加，即即时同步概念与共享概念。本章我们就一起来看看“同步共享”这个功能在“人人电商”平台上如何应用。

4.1 商品自动同步，全球人人售卖

关于同步共享的应用在网络里其实很早就出现了，例如，在办公局域网中，任何一台电脑都能够共享自己的文件或文件夹，让局域网里的其他电脑连入进行浏览与复制，这就是共享在网络中最早的应用。同步指的是在互联网上发布一个信息或文件后，该信息或文件会自动出现在网络平台上的其他位置。同步的精髓在于不管是原信息或文件发生变化，还是同步后的信息或文件发生变化，两方都会因变化做出一个同样的操作，同步在互联网上的应用包括云盘上的同步文件夹等。

阿凡达把这种同步与共享的技术运用到电商平台上，可以说是一个开创性的行为，在此之前还并没有先例。在阿凡达的理念中，同步是为共享服务的，一切与此相关的技术应用最终都要实现共享的目的。因此，从本章开始我们将从共享角度出发为大家介绍阿凡达电商平台与此相关的应用。

4.1.1　参与用户全员共享

阿凡达共享理念的第一层含义是让平台上所有用户实现全员共享。由于有裂变技术的支持，“人人电商”平台上所有用户都拥有了自己的商城，那么商城的主体信息内容，即商品在裂变后是如何出现在商城中的？答案是同步共享。

从技术的角度看，信息内容出现在不同的商城平台上需要经历两个阶段：**其一是平台主站上的内容被赋予共享权限，能进行整体复制转移；其二是这些信息内容从主站被即时同步技术带入新生成的商城子站**。这就是阿凡达同步共享的技术流程。

在“人人电商”平台上裂变后的所有商城都会成为同步共享目标，无一例外，这就使参与注册的所有用户都能够享受到共享带来的利益。用户不用再去为商品的进货与品类发愁，甚至用户什么都不用做就能拥有一个品类齐全、品种丰富的电商商城。这就是“人人电商”之所以称为“人人”的最核心理由。

4.1.2　说有咱就有，你有我有全都有

阿凡达共享理念的第二层含义是商家的商品同步共享给全球用户，从而实现全球自动销售的目的。

对于企业特别是中小型企业来说，想要打通跨境电商需要投入的成本以百万元计，这个成本从何而来？首先，企业需要自建电商平台，除去时间成本外，还需要建立一整套体系，包含支付系统、担保系统、物流系统、管理系统、服务系统及推广系统等，其中最困难的就是推广系统，因为如果企业自身没有成熟的推广系统就只

能依靠百度、谷歌、淘宝等平台进行推广，所花费的推广费用几乎为“天价”。其次，企业实施跨境电商需要配备专门的团队，包括技术团队、运营团队和客服团队等职位，企业在人力成本上的开销同样很大，对于中小型企业来说是无法想象的。

但在“人人电商”平台上，企业跨境电商的梦想通过同步共享技术所实现。这是因为首先，**“人人电商”平台用户是面向世界的，**他们来自世界各地，而不仅仅局限于某一个区域，这就为企业跨境销售提供了用户资源；其次，**“人人电商”平台的同步共享技术让企业的产品可以在一瞬间同步到平台所有的商城店铺中，**成为这些店铺免费的共享资源，这样做的好处不仅为企业的产品带来了全平台的曝光机会，而且全平台所有商城同时销售将有效提升企业产品的销量。因此我们说，阿凡达公司的同步共享技术对企业用户的帮助可以称得上是“无穷大”。

4.1.3 突破多重屏障，信息自愿分享

阿凡达共享理念的第三层含义是突破多重屏障，让信息自愿分享。对于越有价值的信息其实分享的难度越大，其中最重要的原因就在于“利益”，基于不同的利益出发点，往往导致信息共享成为不可逾越的鸿沟。比如，价值大的信息往往被深层次地保护起来，以防泄露所导致的信息价值降低；又或者因竞争关系导致无法实现共享；还有版权问题；等等。一系列屏障的阻隔使真正的信息共享十分困难，这在互联网世界里其实很常见，看似完全开放的互联网其实并不是所有信息都能够让用户去接受的，这一点相信每一位网友都深有感触。

“人人电商”的分享却是来自自动自发的自愿行为，它之所以能够实现，得益于在这个平台上所有角色的利益都是一致的。对于企业商家来说，要尽可能扩大产品的销售区域与曝光度，尽可能多地销售产品；对于普通用户而言，要在不付出太多精力的基础上，尽可能多地分享自己店铺销售商品，获得利润；对于平台来说，要尽可能多地使各种类型的用户云集到此，从而实现平台价值的最大化。

以企业商家为例，如果想要在“人人电商”上上传产品并销售，就必须在上传产品时签署一份电子协议书，表明授权给平台所有商城销售该产品，因此便不再有销售的侵权问题了。而企业当然愿意签署这样的协议，因为对企业自身利益并无影响，反而能够帮助企业把商城所有用户变成自己的零售商，何乐而不为呢?

从上面的例子我们就可以看到，企业是自愿自发地把产品的销售权拿出来分享，这样就使“人人电商”平台上出现了商品，也使用户商城中出现了同样的商品。

综上所述，我们可以看到上述三个平台主要角色的利益不仅并无分歧之处，而且趋于一致，正是这种利益的一致性让“人人电商”平台的共享有了存在的基础，它也成为阿凡达“人人电商”平台突破多重屏障、自愿分享信息的核心条件。

4.1.4　全球网站自动优化与修复

“人人电商”平台的同步共享技术实现了商品的自动同步与全球用户的人人售卖模式，除此之外，这一技术在实际中的应用还能够解决平台上所有商城的自动优化与修复问题。

众所周知，一个网站的内容出现内容信息的错误是再正常不过的现象，网站通过后台技术或前台页面技术对错误进行修改，修改后再重新上传覆盖原有的错误网页。而在“人人电商”平台上，自动优化与修复并不是由平台来完成的，而是通过所有用户，平台所担负的仅仅是对优化与修复的审核职责。

在“人人电商”平台上由于所有产品信息都是共享的，因此当发现其中存在错误的时候，所有用户都可以在自己的商城后台对错误进行修复，然后提交给平台审核。经平台审核通过后直接在网页上更新修复内容。

例如，当一个用户发现了某个商品的信息内容存在错误，那么他可以自己进行修复然后提交给平台审核，平台确认错误确实存在，并且修复内容无误后，对这个商品的内容页面按用户提交的修复内容进行更新。平台的同步技术会使更新后的商品信息内容在全平台范围内实现同步，即所有店铺中相同商品的信息内容均同时更新为修复后的商品信息内容。

从上面的例子可以看到，实际上这个全平台所有商城的自动优化与修复功能是阿凡达同步共享技术的一个现实应用点，它改变了以往网站修复的惯有角色与逻辑，而采用了一种创新的方式，那就是**集群智慧与全员参与**。

这种新的网站优化与修复模式充分调动起了所有用户的主人公意识，让他们对自己商城的优化更新需求得以实现，同时通过同步共享的方式给用户带来了分享的优越感和创造价值的幸福感。

一个平台的自我治愈能力毕竟有限，然而当所有用户都加入进来的时候，集群智慧的力量将是无穷的，平台也将因此收益。集群智慧的用户创造正是互联网发展的一大趋势，在“人人电商”平台上它是由同步共享技术所带来的最大“福利”。

4.2 共享的“房子”理论

在前面的章节，我们曾经把“人人电商”平台上的每一个用户商城都比喻成一栋房子。在这个比喻之下，裂变技术就成为一个“造房子”的技术，它把一个个崭新的“房子”制造出来并且免费赠送给用户。当用户拥有了一个空房子后，如何装修、如何购买居家之物等问题就由共享技术来实现。我把这称之为阿凡达“人人电商”共享层面的“房子”理论。

4.2.1 人人的房间里都有时空保险箱

在我的共享“房子”理论中，最重要的一个创新设计就是在每个用户的房子里加入了一个“时空保险箱”。这个“时空保险箱”有点类似于动画片“机器猫”中的“任意门”，可以在不同的房间里出现，并根据访问房子的不同用户变化出不同的内容。

在电商模式下，资金的流动是一个常态化的行为，每个店铺都有私人化的财务账号用来对接交易。我的“保险箱”概念其实就是针对店铺的财务账户而言的。在“人人电商”平台的任何一个商城里，财务的“保险箱”都是具有“时空”特征的，它会根据不同的访问用户变换成为该用户的财务账号。

例如，用户B访问用户A的商城页面，并在用户A的商城中登录账户，这个账户就会显示用户B的账户信息，用户B可以随意进行账户操作，如取款或存款等，取款取走的是用户B账户上的钱，而存款存入的也是用户B的账户，与用户A没有关系。这就是“时空保险箱”的含义。

“时空保险箱”的概念直观地讲就是在他人的房间内有一个保险箱，尽管这个保险箱从外面看上去没有特别之处，但不同的用户打开保险箱时看到的内容是不同的。在张三的房间里，李四打开保险箱看到的并不是张三的30万元存款，而是李四自己所拥有的1000元存款；王五打开保险箱看到的既不是张三的30万元也不是李四的1000元，而是王五自己的1万元存款，但其实三个人的钱都在这个保险箱中，并且这样的保险箱在每一个房间里都有一个。这就是阿凡达所构建的“房子”理论中“时空保险箱”的特征。

“时空保险箱”存在的理论基础是“共享”理念，它是共享技术的一种表现方式，**即在不同房间里共享一个相同的账户功能，根据用户的不同，账户会随之发生变化，同时所有用户的钱其实都装在这个保险箱中**。“时空保险箱”的出现使用户在平台上浏览的时候不用再烦琐地登回自己的商城平台，而是在他人的平台上就可以实现随意的账户操作，既方便又快捷。

除此之外，“时空保险箱”设计最大的优势在于账户安全。它使所有用户的账户都处于一个共享状态，保险箱中的钱可以是张三的也可以是李四的，这就使在阿凡达平台上窃取账户变得毫无意义。试想，当一个小偷潜入一间房子打开保险箱偷盗时，这个保险箱里放着的还有他的钱呢（因为账户是共享的），没有人会去偷自己的钱。所以“时空保险箱”的存在杜绝了账户盗窃的可能性。

4.2.2　论“房子”的理论基础

“时空保险箱”是阿凡达有关“房子”理论的其中一个部分，对于一个商城也就是“房子”来说，它存在的基础我已经不只说过一次，那就是共享。

“房子”无时无刻都可能发生着变化，房子的主人可能今天买了一个大冰箱，明天又买了一个投影仪，这就是所谓的房子的变化。这种变化所带来的影响是什么？那就是当张三买了一个冰箱放进房子后，平台上所有的房间里都有了一个一模一样的冰箱；李四买了一个投影仪放进房子后，平台上所有的房间里都有了一个一模一样的投影仪……这就是共享。

阿凡达的共享理念是从用户的需求角度出发应运而生的。传统电商对于普通用户来说其实还是存在门槛的，而且这个门槛正在变得越来越高。以淘宝为例，用户想要在淘宝平台上开店，除了必需的身份与资质审核外，还要支付开店费用，包括技术服务费、软件使用费和消费者保障押金等，对企业来说这部分成本更是高达几十万元。除了费用外，用户还必须掌握一定的店铺装修技巧，懂得一些基本软件的使用和图片的处理操作，否则还需要花钱雇人来做这部分工作。因此，目前对于开店方来说传统第三方电商平台已经具有了一定的加入难度，它把相当一部分用户阻挡在了电商的大门外。

出于这种现状，我一直在思考如何能够抹平电商开店的门槛，让所有用户都能够加入电商的主动售卖行列，真正实现理想化的“人人电商”。最后，我通过共享技术找到了答案。从概念上理解共享并不困难，而真正的困难来源于如何实现。阿凡达创造的电商平台共享机制实现了共享流程化：通过发布共享源、同步共享内容、前台展示共享内容等不同环节，分段实现整个共享的过程，从而使共享从一个概念转变为一项功能。

阿凡达在电商平台上的共享功能是独一无二的，在其他平台上目前还没有类似的应用出现。而“房子”理论更是由阿凡达提出的一套创新性的电商平台运营理论，它颠覆了传统电商店铺各自为战、恶性竞争的销售模式，从共建大爱的角度赋予了电商新的发展生机，可以说是一个极具启发性的新电商模式。

4.2.3 共享优势谈

在我所创立的电商共享模式下，能够为用户带来很多有益的帮助，我们可以把这些帮助看作共享所带来的平台化的优势。

共享的第一个优势在于不需要每一个用户为自己的房间购买冰箱或打印机，在一个人拥有了以后，其他人也同时拥有了。这个优势很明显地**增加了共享信息的利用效率**。

共享的第二个优势**节省了用户的信息获取时间，降低了信息获取难度**。从电商的角度来看，阿凡达电商平台的共享机制让用户不再需要将精力放到繁复的商品货源收集工作上，也不用再花费时间进行商品的录入上传，它让电商商城建设变得更加简单快速。

共享的第三个优势，也是最直接的优势就是**降低了电商的成本**。对于一家店铺而言，成本是无可回避的问题，共享的出现从商品生产、物流运输到售前售后服务，对于获得共享的用户来说都无需付出任何成本，因为这些成本都由共享源的店铺承担了。不仅如此，获得共享商品的平台所有店铺一旦在自家店铺产生了销售，那么还能够获得销售利润的分成。这个由共享而来的电商运营模式真正实现了“不仅让用户零成本开店，而且让用户直接分享销售收益”的理想电商行为。

共享作为阿凡达电商体系的存在基础在整个电商运营层面起着非常重要的作用，前面的章节我们谈到了一些与共享相关的显性内容，其实共享的能量不仅局限于此，它还潜移默化地影响着电商运营体系中的很多方面。下面的章节我们就来了解基于共享而形成的区域化销售渠道。

4.3　用智能区域化对应渠道

由于阿凡达的电商平台是基于全球化来进行设计的，因此必须要面临区域化的问题，例如，在不同的区域，商品的销售价格会有所不同，企业在不同区域的销售策略也会不一样……因此，阿凡达电商平台为了适应不同区域的不同特点，而对区域进行了智能划分。

4.3.1　产品销售区域化

由于共享是并无差别的，因此共享技术只能实现全平台商城商品的上架，却无法根据区域的要求实施有差别的共享。因此就需要智能区域划分功能来协助共享信息更好地为用户服务。为此，阿凡达电商平台在共享发生之前，会首先通过智能化的区域识别技术来判断共享源所发布的区域，继而形成网格化的全域网络，共享源（即商品）在这个全域网络中的哪个区域出现是由共享源的发布者来决定的。

具体的操作方法是发布商品信息时有一个专门的“产品区域”项，需要由发布者自己填写。在这个项目内填写的信息会进入阿凡达电商平台预先设定的区域数据库。这个数据库中存放着全域网络里所有的区域名称，系统会将选项内容与数据库中的数据进行比对从而确定符合选项的区域。这样做的结果是发布者在发布了新商品后，这个新商品只能够被符合这一区域设定的用户浏览。

举个例子来说，假如一个标价300元的白酒商品被山西经销商上传后设定为山西区域，那么这个商品在上架后就只有来自山西区域的用户才能够浏览；而同样是这种白酒在黑龙江区域的标价是350元，那么在阿凡达平台上这个白酒商品就需要被黑龙江的区域经销商重新发布一次，价格为350元。那么这款350元的白酒商品只有来自黑龙江的用户才能够看到。需要注意的是，针对黑龙江区域用户的这款白酒商品，其他区域的用户根本无法浏览，这就保证了区域销售的公平与公正，避免了不同区域所带来的销售混乱。

区域化的设计更多的是为了产品销售而服务的。所谓的产品销售区域化实际上是由于不同区域在政策、利益、成本、用户需求、竞争态势等方面存在着显著不同，企业的同一件产品在不同区域会采用不同的定价、销售策略和销售方式等，其目的就是为了更好地整合区域内各种资源，增强产品的区域竞争力，实现区域的品牌化经营，从而吸引和满足目标消费者的需求与愿望，最终实现在区域内的发展目标。

有鉴于此，产品的区域化销售其实是一个常态化的问题。然而传统的电商领域无差别、多地域的共同竞争导致产品一味讲求低价的恶性循环，打乱了一个产品固有的不同区域的价格体系，给产品的区域代理商带来了毁灭性的打击。这就是电商出现后线下销售一蹶不振的根本原因，尤其是对于跨区域销售的产品，不同地域的代理商在网络电商平台上各自为战，左右手互搏的现象比比皆是，其结果就是代理商们全都在夹缝中生存，利润屈指可数，生存状态可想而知。

反观阿凡达电商平台的运营模式，通过明确的区域划分使不同地域的用户看到的全都是符合该地域销售的商品品种，那么跨地域的同种产品便不存在销售竞争关系了，传统电商无解的跨区域销售价格乱战难题就这样得到了完美的解决。

4.3.2　智能区域化设计

阿凡达电商关于区域化的设计从技术层面来看是具有很高智能性的，其智能性表现在自动识别方面。阿凡达的区域智能识别技术能够从平台用户所使用的终端设备上获得用户所处地域的编码，然后把这一编码与阿凡达区域数据库里的编码进行比对，从而获得确定的区域信息，然后把这一信息反馈到前台显示页面上。这样就完成了一个智能区域化识别的整个流程。

智能的区域化设计是阿凡达电商平台的又一个创新之处，它同样是共享衍生出的功能，它的出现开了电商跨区域发展的先河，它创造出了一种与企业线下销售体系相一致的电商区域销售模式，实际上是对电商固有模式的重新定义。

阿凡达电商的智能区域化设计针对的是全球用户，他们可能来自不同的国家或者相同国家的不同地区，这些用户的需求、习惯、爱好和购买力等各个角度都存在显著的差异。阿凡达深知“没有任何一件产品是全世界通用的”，不仅仅是在价格上，产品包装、产品表述等都存在着差异，因此从这些方面来看，智能区域化设计的作用不仅在于保护产品的价格体系，更在于促进区域化的产品设计，挖掘区域化的产品需求与区域化消费人群的特征，从而获得适应世界各个地区的产品销售的方式与方法，让各个区域的企业商家与用户能够在电子商务领域实现和谐统一，携手共赢。

4.3.3　区域代理免费招商

在阿凡达电商的区域化设计中，有一个专门针对企业招商的附加功能，那就是企业区域代理招商功能，这个功能的作用是帮助企业用户免费招收区域代理商。

区域代理的招商功能面向区域内所有的用户，当用户看到一件产品，有兴趣成为这家企业该产品的区域代理商时，就可以通过“我要成为代理商”的按钮提交代理需求。用户的需求将反馈至发布该商品的企业账号，然后由企业对需求做出响应。

区域代理招商功能实际上是一个双赢的设计，一方面，它帮助企业扩充自己的区域代理商队伍，搭建完善的区域代理体系；另一方面，对于用户而言，这一功能帮助他们找到了商机，实现了自主创业。

区域代理招商功能在传统的第三方电商平台上还从来没有出现过，阿凡达电商的这个功能再次体现出了平台的创新之处。对于企业来说，以往的区域代理招商是通过线下完成的，企业不仅需要四处寻找招商对象，还要付出很大成本来完成招商流程。而在阿凡达电商平台上，同样是区域代理招商但优势却非常明显。首先，平台上的企业招商无需付出任何成本；其次，招商由企业去找变为用户投奔，这个对象行为的颠倒让企业很容易获得潜在的招商对象；最后，过去的集中招商转变为平台上的持续招商，无论是从招商的持续性方面还是效果的累积方面都与从前不可同日而语。

除了区域代理招商外，区域化的设计让阿凡达的电商平台为企业带来更多帮助，比如，区域化的出现伴随生成了“跨区域”的概念，它为企业带来了免费的跨境电商平台，让企业的产品有机会跨越区域边界，销售到更多的地域去。另外企业在阿凡达平台上无需进行任何推广，也无需购置服务器这些硬件设备，在节省电商成本的同时，企业只需要安心生产产品即可。由于企业的产品关键词能够出现在每一个商城中，而且每个商城的网址都不同，因此能够使企业信息被百度、谷歌、360 等搜索引擎同时抓取，同时推送推广需求。最后由于在阿凡达电商平台上共享的是全世界的海量数据，因此不同企业的客户也能够实现共享。这些优势的存在让阿凡达的电商平台成为传统企业“触电”的一条捷径。在阿凡达面向企业用户的服务理念中，“让传统企业爱上电商”是其中最重要的部分，也正因此，我们会发现阿凡达电商平台上很多功能的设计与模式的建立都是以企业为受益对象的。

4.4 共建共制体系下的网络安全

从更深层次理解，阿凡达在电商层面所建立的同步与共享模式，其实是在技术支持下构建出的一个崭新的共建共制体系。这个体系是一个“电商乌托邦”式的模型。在这个体系之下，平台与用户、企业用户与个人用户等不同角色通过平台相连接，共同建立起电商的新环境与新秩序。

4.4.1 传播大爱，共建共制

阿凡达通过共享理念营造出的是一个“共建共制”的电商体系，让电商平台第一次可以通过平台与用户的共同努力来不断完善创新。阿凡达电商平台上有很多体现“共建共制”的地方，我们来看以下几个例子。

用户对平台内容的自主修复带动了平台的新陈代谢，让平台始终处于优化的状态。这一点在前文中我们已经做过介绍，它实际上就是“共建共制”的一种表现形式，是依靠平台上所有用户的努力来优化平台，从而方便用户使用。

平台上所有产品都由用户自愿上传，可以说正是用户对内容的创造造就了平台上所有的产品内容。从这个角度来说，是用户建设了这个平台。而平台方面则承担了功能的建设以及模式的设计，比如，平台的共享功能是用来刺激用户的上传欲望，为用户的产品销售提供帮助的一种功能。

企业用户的区域代理招商机制是在阿凡达电商平台上自我构建出的一个代理商体系，它的发起者是企业，参与者是普通用户，他们的角色同为平台用户。因此，我们可以说是用户自己建立了这个招商体系，并且让这个体系运转起来，平台仍旧扮演的是功能的提供者角色。

通过上述的几个例子我们就能够了解阿凡达平台“共建共制”的含义了。实际上，让用户自主创造与主动参与是一个具有前瞻性的方式，它暗合了互联网发展的一个重要趋势，那就是**尽可能让用户参与平台的建设与运营**。一方面，用户逐渐加深的参与程度增加了互动的频率继而增加了用户的黏性，继而提升了一个应用或者一个平台的价值。阿凡达电商平台在用户参与度上的这些设计就是要实现用户参与价值的最大化，从而通过用户自我价值的提升来提升平台的价值。

另一方面，阿凡达电商通过“共建共制”进行着大爱的传播。何为“大爱”？那就是一种广博的、没有时空限制的、没有任何索取的爱，这种爱能够包容一切，创造一切，同时也能感染一切。阿凡达电商的“共建共制”体系实际上就是向世界上所有用户传播这种无私的、创造性的、能够影响他人的充满正能量的爱，并希望通过这种爱的传播感染更多的人，为整个社会带来朝气蓬勃的正能量。

4.4.2　房子理论驾驭网络安全

对于阿凡达的“共建共制”体系，其中最大的亮点在于网络安全方面。就像我们正在构建“和谐社会”,“和谐社会”所带来的最直接的好处就是人们的生命财产安全系数大幅度提升。这是因为人的素质提高了，心态好了，生活富裕了，自然犯罪率就下降了，这就是我国创造“和谐社会”的愿景。“共建共制”体系就相当于在电商平台上构建起一个“网络电商和谐环境”，它能够带来的当然是平台安全性的提升，用户在平台上无论是财物还是权益都能够得到更好的保障。

除了“共建共制”体系发挥着净化平台环境的作用外，阿凡达电商独一无二的“房子”理论也成为另一道“安全保险”。同样是以共享作为基础的“房子”模型，由于房间里的家居、生活用品等财产都是基于共享获得的，因此平台上所有用户都能够拥有，这就使平台上不会有“小偷”存在，这是因为“小偷”的房子里也同样都是共享成果。这部分内容在前文我曾经为读者们做过介绍，在这里就不赘述了。

由此可见在平台内部的安全性不仅仅由“共建共制”体系营造，更是由“房子”理论加以保障，在双重体系下，阿凡达电商平台内的安全性得到了保证。

4.4.3 全民信息化与网络安全

2016 年是中国接入国际互联网的第 22 年。20 多年来，中国互联网抓住机遇，快速推进，成果斐然。据中国互联网网络信息中心发布的报告，截至 2016 年年底，中国网民规模突破 7.31 亿，普及率达到 53.2%，超过全球平均水平 3.1 个百分点，超过亚洲平均水平 7.6 个百分点。其中手机网民规模达 6.95 亿，增长率连续 3 年超过 10%。网民中使用手机上网人群的占比由 2015 年的 90.1% 提升至 95.1%，网民手机上网比例在高基数基础上进一步攀升。2016 年，我国手机网上支付用户规模增长迅速，达到 4.69 亿，年增长率为 31.2%，网民手机网上支付的使用比例由 57.7% 提升至 67.5%。中国已是名副其实的“网络大国”。

但是我们同时也应该看到中国离网络强国目标仍有差距，在自主创新方面还相对落后，区域和城乡差异比较明显，特别是人均带宽与国际先进水平差距较大，国内互联网发展瓶颈仍然较为突出。以信息化驱动工业化、城镇化、农业现代化、国家治理体系和治理能力现代化的任务十分繁重。我国不同地区间的“数字鸿沟”及其带来的社会和经济发展问题都需要尽快解决。

随着全民信息化的逐步开展，我们可以看到中国的网络正在向着好的一面发展。习近平主席曾经强调：“网络安全和信息化是事关国家安全和国家发展、事关广大人民群众工作生活的重大战略问题。”这无疑对全民信息化与网络安全提出了更高的要求。

所谓全民信息化即合法公民（包括自然人和企业）都能畅通无阻地获得自己所需要的信息，同时也能将自己的相关信息发布出去，做到公平、公正、高效、合理地使用信息，推动人类社会政治、经济、文化等各领域的发展。拥有一个开放、互通、安全和可靠的网络体系是实现全民智能信息化的基础工程。

积极响应习主席的号召，阿凡达公司在电商领域做出了“全民电商”的尝试，旨在推动全民信息化在中国的发展，并通过构建平台内的网络安全体系把全民信息化与网络安全有效地结合在一起。

阿凡达的电商平台也可以看作一个智能信息平台，它采用独特的互联网裂变共享技术，能够快速裂变出大量新的独立网站作为信息交换端口，给每个人免费自由使用。阿凡达全球互联网智能信息系统的独特性在于所有网站之间互联互通，信息共享，打破了传统网站之间的信息壁垒。

在阿凡达全民智能信息化发展的规划中，第一阶段是基础建设普及网站，人人有网站家家有商城；第二阶段是普及企业电商化，网上交易主导市场；第三阶段是实现各行各业高度信息化直至智能化；第四阶段是信息智能传递实现意念化。

在这个发展规划中，阿凡达从一家企业的角度表达出了对全民信息化与网络安全发展的设想，并通过建设电商平台，采用裂变、同步分享等创新技术率先迈出了奔向世界互联的步伐。

第 5 章

数据为王，转化为纲

阿凡达电商平台另一项核心技术我们把它称为大数据的直接转化，之所以在电商模式下加入这项技术是由互联网发展的趋势决定的。早在 2009 年我就曾经说过：未来的互联网是“免费为王，数据天下”。随后互联网的发展历程印证了我的这句话，到如今大数据的思维早已经脱离了仅仅是构建概念的范畴，而转入真正的大数据应用层面。

5.1 互联网的大数据时代

最早提出“大数据时代”说法的是全球知名咨询公司麦肯锡，在麦肯锡对大数据的解读中有这样的话：“数据，已经渗透到当今每一个行业和业务职能领域，成为重要的生产因素。人们对于海量数据的挖掘和运用，预示着新一波生产率增长和消费者盈余浪潮的到来。”

其实，有关大数据的说法出现得很早，在物理学、生物学和环境生态学等领域以及军事、金融、通信等行业均有涉及，只不过并未形成广泛的关注。随着互联网的兴起，与之密切相关的信息产业发展速度，使近几年人们对大数据的关注程度提高了很多。

5.1.1 大数据要义

在百度百科上有关大数据的定义是这样的：**大数据指的是无法在一定时间范围内用常规软件工具进行捕捉、管理和处理的数**

据集合，是需要新处理模式才能具有更强的决策力、洞察发现力和流程优化能力来适应海量、高增长率和多样化的信息资产。而麦肯锡全球研究所对大数据的释义：一种规模大到在获取、存储、管理、分析方面大大超出了传统数据库软件工具能力范围的数据集合，具有海量的数据规模、快速的数据处理、多样的数据类型和价值密度低四大特征。

数据体量大是大数据的第一个特征，这个量级一般在 TB 或 PB 规模，如百度首页导航每天需要提供的数据超过 1.5PB（1PB=1024TB），而这些数据如果打印出来将超过 5 千亿张 A4 纸。

快速的数据处理是大数据的第二个特征，它是指在数据量非常庞大的情况下，也能够做到数据的实时处理，从各种类型的数据中快速获得高价值的信息。在数据处理速度方面，有一个著名的“1 秒定律”，即要在秒级时间范围内给出分析结果，超出这个时间，数据就失去了价值。大数据的处理速度正是遵循这个“1 秒定律”而来的。

数据类型的多样性是大数据的第三个特征，它指的是大数据不仅可以来自多种数据源，而且数据种类和格式并不统一。比如，现在的数据类型不仅是文本形式，更包含了图片、视频、音频和地理位置信息等多类型的数据。

价值密度低是大数据的第四个特征，这一点比较容易理解。随着数据总量的提升，其中有价值的数据信息所占数据总规模的密度自然就会降低。以视频为例，一小时的视频所包含的数据量很大，然而可能有用的数据仅仅只有一两秒钟而已。

有人把大数据比喻为蕴藏能量的煤矿。煤炭按照性质有焦煤、无烟煤、肥煤、贫煤等，而露天煤矿、深山煤矿的挖掘成本又不一样。与此类似，大数据在“大”的特征下，如何能够“有用”是更为关键的问题，因为显然数据的价值含量、挖掘成本比数量更为重要。

5.1.2 大数据带来变革

随着互联网数据应用程度的加深，大数据被各行业提及的次数越来越多，人们用它来描述当今信息时代中的海量数据。随着互联网科技与经济的发展，人们渐渐认识到大数据中蕴藏着的巨大价值。大数据的出现给当今经济社会带来了颠覆性的变革。

就像电力技术的应用不仅仅是发电、输电那么简单，而是引发了整个生产模式的变革一样，基于互联网技术而发展起来的“大数据”在应用领域也正在对我们产生颠覆性的影响。“大数据”的本质是基于互联网基础上的信息化应用，从这个角度来讲，大数据的出现首先带来了数据处理方式的变革：在处理数据的对象上，从原来的样本数据变成了如今的全部数据；由于大数据的多样类型特征，人们在处理数据时不得不接受数据的混杂性，而放弃对精确性的追求；通过对大数据的处理，人们放弃了更注重因果关系的结果，转而关注数据之间的相互联系。

从这个变化来看，实际上大数据的出现带来的是对思维方式的变革。所谓思维方式，是一种习惯性思考问题和处理问题的模式，并对行为产生直接的影响。对大数据的分析与应用颠覆了人们很多固有观点，取而代之的是新的思维、新的模式。

我们可以看到，那些成功的互联网公司其成功离不开“数据”这个当今最重要的资源，无论是以百度为代表的搜索引擎企业，还是以淘宝为代表的电商企业，又或者是腾讯、360 这样的企业，它们成功的核心都在于拥有庞大的数据支持。百度依靠搜索引擎带来的大数据获得成功；淘宝则依靠丰富的商品数据支撑起电商模式，马云甚至宣称 21 世纪要做出一家伟大的数据公司；腾讯、360 则依靠数以亿计的用户数据敲开财富的大门。

在互联网中，这样的例子举不胜举，它们的共同之处在于有效地对大数据进行了分析、加工与应用。上述这些企业的成功让我们意识到大数据在当今时代所发挥出的重要作用，它改变了我们传统的认知观念与惯常的思维方式。

大数据的突出影响还有它还带来了经济生产方式上的变革。在如今这个推崇个性与创造力的社会中，对产品的购买需求在很大程度上决定着生产方式。不能满足购买者需求的产品就不会得到认同，也就卖不出去；反之，只有得到了购买者的认同，产品才会卖得好。

大数据的出现可以在最短时间内通过对数据的全面感知、筛选、收集、分析和共享等方式为生产者提供准确度较高的、即时性的信息，让生产者充分了解用户需求，从而生产出更为贴近用户感官的、更具个性化的产品。这种产品生产的方式与从前相比已经发生了翻天覆地的变化。

在大数据所引导的变革中，互联网实际上是以催化剂的形式出现的，继而成为大数据应用最重要的领域之一。互联网的很多模式都是建立在数据库的基础上，而这些数据库其实就是大数据的原型。因此，我们说互联网与大数据的关系是互生的，这就使互联网作为大数据应用的重要阵地，在大数据时代扮演着无可替代的角色。

5.1.3 互联网大数据趋势

如今这个时代，数据量正在日益增多，这其中包含着线下数据与互联网数据的增加，但很显然互联网在数据增量上的作用要远远大于线下，这是为什么呢？是因为在当今，大数据的驱动很大程度上来源于互联网，其中包括互联网和移动互联网。如果从大数据的角度来看待未来的互联网，我们能够发现以下几个趋势。

第一个趋势是个性化。在互联网上，企业通过分析大数据，得到有关用户的个性化的信息，例如，阿里巴巴拥有用户的电商数据，其中包含用户购买了什么产品，消费了多少钱，购买的周期是怎样的；百度则拥有用户的搜索数据，其中包含用户感兴趣的关键词等。上述这些数据其实都代表了用户的行为，企业能够通过这些数据掌握用户的一系列行为，最终推断出用户的习惯、喜欢、倾向、消费观及消费能力等一系列个人化特征，这些特征综合到一起可以被称为“用户画像”。企业拥有了用户画像后就可以据此来推荐个性化的产品与个性化的广告，甚至能够进行个性化生产等。

第二个趋势是智能化。所谓的智能化其实就是大数据的智能化应用，其中重要的部分是机器学习的能力，即通过大数据作为参照，让机器具备更高的智能性，在实际应用中将更多地以智能化系统的模式出现，如图 5-1 所示。

将大数据结合更为高效的算法，就能够制造出一个强大的系统，这个系统可以支持智能化，包含图像、语音和广告识别等一系列功能。

图 5-1　智能化系统图例

第三个趋势是产业化。比如，国家提出的“互联网 +”“中国制造 2025”等都是与产业相关的战略趋势，与此紧密相连的包括智能连接、人机互补等。智能连接并不局限于互联网本身，它还包含着与线下资源的连接，这个连接是具有智能性、选择性的，而不是随意互联，如 O2O 模式其实就是线上与线下连接的模式。

人机互补的含义是通过大数据的智能技术来辅助人们决策，它是人与计算机共同解决问题的一种方式，既不是利用计算机独立解决问题，也不是依靠人来独立解决问题。在机器的辅助下人为操作可以从海量的信息里找到最关键的信息，对信息进行快速定位、快速查找，从而准确快速地帮助用户实现其目标。

所有基于大数据产业化的行为，其核心都是为了提高效率，改变传统方式低效的方面。这就是大数据产业化的核心目标，是未来互联网大数据的发展趋势之一。

大数据带来的变革正在各个行业、各个领域改变着人们的固有思维与行为方式，它就像一座蕴藏着丰富矿物的矿藏，等待着人们挖掘、探索，它也是互联网发展的下一个“风口”，是无法回避的趋势性产物。正是基于这一点，阿凡达的电商体系又怎么能不把大数据技术纳入其中呢?

5.2 人人模式的用户数据马太效应

几年前在我们的耳边就已经充斥着关于“大数据时代”的说法，其实从直观来看，大数据就是规模庞大的数据集合，这一点很容易理解。然而对于大数据的应用就要从两个方面来把握：**第一个方面是对庞大数据信息的掌控，第二个方面则是对这些含有意义的数据进行处理。**

尽管大数据的财富魅力尽人皆知，但是数据的获取却要经历一个相当长的过程，而且对大多数企业来说收集数据总是最具有挑战性的。然而对于最具价值的用户数据，阿凡达的电商平台有着自己独特的数据采集方法，那就是裂变技术。

5.2.1 用户自我裂变，数据唾手可得

在前面的章节里我们已经详细介绍过阿凡达的裂变技术，这项技术最大的特征就是能够根据目标样本裂变出无穷多个，从而形成一个庞大的数据库而阿凡达的大数据战略就是基于裂变技术而来的。

阿凡达电商的裂变带来的结果是生成了用户专属的商城网站，每个商城网站之所以对应一个用户身份是因为在裂变前需要把用户的个人化信息作为裂变条件输入系统，用户的个人化信息包括手机号码、QQ 号等。

在阿凡达电商后台的导航栏有一个“自动注册”项，如图 5-2 所示，它其实就是裂变的实施地。任何一个用户都可以使用裂变功能来帮助他人注册成为商城的用户，如用户可以通过这种方式帮助亲朋好友完成注册，使亲朋好友们拥有一个免费的电商商城。

图 5-2 阿凡达电商平台后台“自动注册”图例

阿凡达为了鼓励用户通过裂变技术完成注册专门设计了奖励模式，那就是在自己的商城网站上派生出新用户商城的裂变发起用户将永久享有派生网站上传产品在全球销售利润 1% 的收益，让我们来看下面的例子。

张三通过自己的商城后台发起裂变推广，把自己的朋友李四和王五的手机号码作为裂变条件输入系统完成了注册裂变。此时通过张三的商城平台就裂变出了两个新的商城，一个是“李四的商城”，一个是“王五的商城”。当这两个新商城开始使用后，某一天李四的商城成交了一个价格为 500 元的商品，这款商品的成本价为 300 元，因此它的销售利润一共为 200 元，那么，按照前文曾经介绍过的销售分利方式，李四获得商品销售利润的50%，即100元。如果王五将商品上传到自己的商城，这款商品将会在全球数以亿计的阿凡达商城同步展示销售，张三作为王五的推广者将获得此商品在全球所有阿凡达商城产生交易的销售利润总和的1%，如果这款商品在全球销售产生了100万元的利润，张三将获得1万元利润分配。

销售分利模式不仅对于所有用户的商城运营起到激励作用，而且还能鼓励用户尽可能多地发起裂变，因为从一个用户那里裂变出的派生商城越多，今后该用户所能获得的销售分利收益就会越大。

阿凡达就是采用这种方式来鼓励用户进行裂变，从而完成用户基础数据的采集。因为在裂变条件里包含了用户的一些基本个人信息，而在用户完善注册、完善财务信息的过程中，用户的个人信息将变得更加丰富，从而一并进入阿凡达电商平台的后台用户数据库。由于阿凡达电商面向的是全世界的用户，因此这种依靠裂变而来的用户数据最终将会形成一个涵盖全世界所有用户的大数据集合。

5.2.2 裂变叠加式马太效应

阿凡达采用的是嫁接在裂变技术之上的用户数据采集模式，其最大的优势在于能够生成叠加式的马太效应。**所谓的叠加效应指的是当一个用户裂变出若干派生商城后，这些被派生出的网站同时也就具备了裂变能力，可以从派生角色转变为裂变源，把裂变行为延续下去。**

这样一来，在阿凡达的电商平台上就会呈现出一个用户裂变的树状结构，从一个裂变源开始一层一层向下发展，最终把全世界所有用户涵盖进来，从而形成一个用户大数据库。

由于裂变产生的新商城使平台商城数量呈几何级递增，在裂变能量传导的过程里，商城数量每经过一次裂变都会比上一次裂变的结果更多，这样就形成了一个叠加式的马太效应。

这种效应发展到极致，将实现在最短的时间内完成全世界所有用户个人信息采集的结果。要知道，目前全世界人口总数已经超过 70 亿，如此庞大的数据量单纯依靠传统的采集方式是无论如何也无法完成的，然而在阿凡达的电商平台上通过裂变技术则完全可以实现这个不可能完成的任务，而且并不需要花费太多时间。这是因为通过裂变生成新的网站在一瞬间就能够实现，随着裂变源的增加，裂变数量的递增几乎没有时间成本，裂变一旦被启动，那么无穷无尽的用户数据就随之而来了。

从阿凡达电商的用户自我裂变模式里可以看到，阿凡达**通过激励用户自我添加的方式来完善平台的用户数据库**，这种通过用户自动自发的主动行为完善大数据库的模式是阿凡达大数据技术的一个创新之处，它摆脱了固有单纯依靠数据收集者一方的力量来完成数据收集的普遍现状，带来了一种符合互联网发展趋势的新思维，那就是用户参与创造的大数据采集思维。

5.2.3 人人模式是大数据的心脏

阿凡达首创的电商模式称之为“人人电商”，之所以叫这个名字是因为它代表着全世界所有用户参与电商行为的理想状态。尽管用户信息汇集而成的大数据是如此具有价值，但在阿凡达的模式设计中，“人人电商”才是这个大数据价值得以实现的“起搏器”。

与传统电商依靠商品的大数据存活不同，“人人电商”模式的关注点始终聚焦于用户。传统电商平台更在乎的是想方设法聚拢商家，让平台有东西可卖，通过商家与商品吸引用户流量，这是传统电商平台的思维模式。

“人人电商”则与之不同，在“人人电商”平台上所有的用户都具有商家与购买者的双重身份，每个用户都拥有商城，都可以通过商城获取销售分利，同时每个用户也都具有购买平台上任何商品的权利。正因如此，**用户才是“人人电商”唯一关注的问题，人人模式才是大数据的真正核心**。

全世界都在研究大数据，如谷歌进入中国就是要收集数据，苹果公司也一样。全世界都在收集数据，在收集完成后再对数据进行分类，包括很多国家在内都在做大数据分类。

对于所有类型的大数据来说，真正的核心其实并不在于数据体量的大小，而在实现数据价值的方式。阿凡达在大数据方面要做的是大数据的直接应用，而不是数据采集与分类这些事情。这也就是“人人电商”平台下为什么是用户自己在做数据，而平台却不会参与数据采集的原因。任何数据只要进入了阿凡达的平台，就都变成了平台里的数据，阿凡达所要做的就是通过对大数据的直接应用来实现大数据价值，也就是说把大数据变成真正具有价值的“黄金数据”。

5.3 把大数据变成黄金数据

所谓“黄金数据”其实是从数据所产生的价值来定义的。对于大数据来说，由于体量庞大、类型多样，因此只能算作没有经过加工的基础数据，所以大数据必须要经过处理才能具备实用价值。

5.3.1　大数据的直接应用

阿凡达的大数据直接应用是建立在对数据的裂变基础上的，通过裂变的方式，阿凡达实现了对大数据的直接应用，那就是将数据转化成为网站商城。

在前文阿凡达电商后台的截图图例（图 5-2）中，我们看到，裂变的起始条件是用户的手机号码或者 QQ 号码等信息，这些信息其实就是一个个数据集合。如 QQ 号码，QQ 这个应用腾讯做了 15 年，拥有了超过 10 亿用户的大数据。

而阿凡达根本不需要再对这些数据进行采集，而是通过平台的裂变技术把作为用户标识的这 10 亿个 QQ 号码进行一次转换就变成了 10 亿个商城网站。再如电信联通这样的通信服务提供商，多年来积累了大量的手机号码库，每一个手机号码对应一个用户。同样，这些号码一旦进入阿凡达电商平台也会很快被转化为商城网站。

这就是大数据直接应用的结果：对数据的转化，这种应用行为相比于数据的采集来说节省了很多时间。毫不夸张地说，完成某一个大数据的完整转化仅仅也就需要几秒钟而已，这都是裂变技术带来的结果。

对于任何与用户信息相关的大数据来说，在阿凡达电商平台上都可以进行直接转化，这样做的好处是不仅节省了数据采集的时间，而且还完全脱离了成本的限制，让数据应用不需要再烧钱。比如，如果推广 10 亿个 QQ 数据需要花费庞大的广告费，而阿凡达的大数据应用则不需要付出任何成本就实现了大数据推广。如果对这一点上升一个层面来看，就是阿凡达的大数据应用方式是在快速造福用户，同时也造福于商家。

5.3.2 大数据的电商化

阿凡达对大数据的应用实际上是为了让全球的用户都与电商产生密不可分的关联，通过电商的方式打造一个世界互联的网络平台。因此，当所有的数据进入阿凡达电商平台后都不可避免地要被“电商化”，而大数据电商化的表现就是电商商城。

如果把大数据集合中的每一条数据都看成一个电商商城的话，那么阿凡达对大数据的直接应用其实就是把每条数据都赋予电子商务的特性与功能。比如 QQ 数据，如果仅从数据本身来看它就是一串由数字组成的号码，一个 QQ 号码对应代表着一个用户的网络身份，而当这个数据进入阿凡达的电商平台后，通过裂变技术转化为了一个电商商城，这个商城的拥有者就是这个 QQ 号码的主人。从这个转化结果来看，阿凡达实现了把一条数据赋予电商属性与功能的目的，这就是大数据的电商化。

通过数据转化让数据具有电商化的职能是数据应用的前提，同时也是让数据变为黄金数据的一种方式。在经过转化后，数据变成了商城实体，开始发挥更大的应用价值，这时候数据就从普通数据转变为了黄金数据。

把大数据电商化是阿凡达大数据应用层面最重要的方式，电商化后的数据以商城的形式变成了具有盈利价值的功能型产品，这些商城产品组合在一起就构成了阿凡达电商平台上的商城集群。

5.3.3 黄金数据价值展现

从阿凡达电商平台输出的黄金数据相比于转化之前的基础数据具有了显著的价值，试想一个 QQ 号码的推广价值就是一个用户，对于手机号码等其他用户数据而言同样如此，而当它转化为一个商城的时候其价值就不仅仅是用户本身了，还包含着商品交易价值、平台广告价值和产品曝光价值等附加价值。

首先，转化后的黄金数据的呈现方式转变为了电商商城，因此它具有了电商价值，可以实现商品的电商化交易。由于电子商务的普及程度已经非常深，它成为很多用户所依赖的购物方式，因此当附加电商价值后，数据的表现更加具象化，同时也能够通过货币衡量出价值的大小。

其次，黄金数据还具有了广告价值。在数据转化之前，广告价值是不存在的，这是因为广告需要通过载体来实现，而数据本身并不具备载体特征，无法实施广告行为。而当数据转化为商城后，则具备了载体特征，可以作为广告发布的窗口，因此其广告价值就显现出来。

除此之外，黄金数据还具有商务价值。所谓的商务价值其实就是商城在商务层面具有了很强的拓展性与弹性，具体表现在用户可以通过商城平台实现商品的区域代理（在前文中我们已经谈到过），这其实就是一种典型的商务行为，它拓展了商城的功能，同时也与商品供应商建立起了商务联系，让商城从个人化行为走向公司化运作。

最后，黄金数据还存在着一些关联价值，如社交价值等。由于每一个用户都可以自发产生裂变，这就使由用户发起的裂变行为一定是在认识的人之间进行的。因此商城与关联商城之间存在着相当的亲密关系，而这种亲密关系我们把它看成是形成社交的基础。由于阿凡达的电商平台具有社交功能，它能够满足用户之间的社交需求，从而生成一种社交价值。

综上所述，我们可以看到，当大数据被阿凡达转化为黄金数据后，它背后蕴含着的价值得到了最大限度的体现，这其实就是阿凡达数据转化的意义所在。它不仅为大电商平台提供了数据源，而且通过转化实现了整个电商体系的搭建，更重要的是，用户自发完成转化的方式使用户之间的关联显现出来，形成了一个密集的社交型关系网络，为今后的数据深度应用带来了很大的便利。

5.4 用户的大数据资产

大数据的转化不仅对阿凡达的电商大平台具有重要意义，同时对于用户来说，它也成为一种可以被利用的有效资源。由于阿凡达电商的模式是把裂变后的商城免费赠送给用户，因此用户实际上是免费通过裂变获得了大数据所带来的商城资产，继而通过后期的运营还能够实现资产的升值与变现。

5.4.1 用户自建数据树

作为大数据带来的福利，用户拥有的商城平台可以看作一种有形的资产。通过交易的销售分利，用户可以获得商城带来的净收益，不仅如此，通过交易活动，用户其实还能够获得一些新的社交关系与商务机会。

除此之外，最重要的是用户借助大数据所带来的初始资产（即商城）还能够继续通过裂变的方式来发展一种树状的关联结构，这样做的好处是用户能够通过自我裂变发展出新的伙伴商城，从而获得伙伴商城成交后 1% 的销售分利。阿凡达这一独特的销售分利模式让用户的商城资产处于一种动态的累积过程中，逐步实现资产的扩大化。

同时，用户自行建立起的树状关系结构，把用户数据的批量转化做到了极致。试想当每个用户发生裂变时，其实都是在自行完成一个整个平台用户数据树的创造与繁衍的行为，这种行为是对用户大数据资产的深度创造与不断增值。在这种行为的反复实施下，阿凡达电商平台上的用户商城规模会不断扩大，同时层级也在不断增多，最终将涵盖全球所有的用户，成为一个世界级的电商大平台。

阿凡达的这个新型的同步共享平台将把世界引入后电子商务时代，也就是信息消费的大时代。在这个时代里全世界只需要一个平台，所有的产品都可以放在这一个平台上进行交易。在用户自建的数据树的支持下，阿凡达的这个电商平台不仅能够帮助优化经济结构，依托互联网来促进信息消费，而且还能够帮助中小型企业和个人网站走向世界，同时也可以将国际的中小企业和产品引入中国市场。

到目前为止，在阿凡达的电商平台上已经有超过 5 亿家的独立运行的商城网站，阿凡达预计在未来的三年之内商城网站的数量达到 70 亿，也就是全世界每个用户都能够拥有一个属于自己的商城网站。这个愿望实现的依托就在于用户通过裂变所建立起的关联关系数据树。

5.4.2 扩展数据资产的盈利方式

除了数据资产化所带来的价值增长外，阿凡达还通过增加更多的平台功能来扩展数据资产的盈利方式。

首先，阿凡达平台上有申请区域代理的功能。这个功能在之前的章节里也有谈到，它其实就是把商城向商务代理化发展的一个途径，同时也是一个典型的商城资产的盈利方式。

其次，商城的销售返利模式也是数据资产的一个衍生盈利方式。这里所说的销售返利指的是裂变源商城从裂变后商城销售额中提取的 1% 销售返利，而不是商城平台销售商品的返利，这是一个附加的盈利方式。

除此之外，由于商城架构设计的自主性特征，用户可以在自己的商城里随意设置广告位，这就使在前文曾经提到的商城广告也成为一种可实施的盈利方式。

从上述几个方面可以看出，在阿凡达平台上的商城不仅仅只有产品销售的一条盈利渠道，它还存在着很多不同类型的盈利方式，这些盈利方式为商城带来了更多的发展空间，增强了用户个人商城的盈利能力，让电商从单一的交易式模式开始向多元化发展模式转变，这样无疑让用户的个人商城具有了更大的资产价值。

第 6 章 全自动化商业模型

在前面的章节我们分别为大家介绍了阿凡达电商平台的几个核心技术，包括裂变技术、同步共享技术以及大数据转化技术，这些技术无一不是具有颠覆性的，它们将成为引领互联网变革的主要因素。除了这些技术外，阿凡达电商的另一个超越传统电商的地方在于创造出了一个全自动化的商业模型。本章我们就来带领读者了解一下这个商业模型。

6.1 一切由商家决定，购买由用户决定

在传统电商的商业模型里，每个店铺都与发生在店铺中的每一笔交易息息相关，店铺不仅要负责售前答疑、售后发货，还要进行售后问题处理、退货退款处理等一系列与交易相关的事务。交易的流程看似简单，实际上却可能在任何环节发生状况，一旦出现状况就需要店铺负责人亲力亲为地解决。

然而，在阿凡达的电商平台上，商家的性质发生了改变。大部分的商城其实都扮演着自动销售的角色，并不对商品的质量、销售价值、配送、售后负责，而仅仅作为一条条销售渠道存在。因此对交易流程来说，实际上全部都是在自动化状态下进行的。

6.1.1 全自动化商业模型特征

阿凡达的电商商业模型在整个世界的商业模型中都是非常独特的，那就是这个商业模型中一切由商家决定，购买谁的东西则由用户决定。

一切由商家决定的含义在于交易中的所有流程全部由商品的上传者来完成，他们才是阿凡达平台上真正的商家，而对于大多数商城来说，即使出现了成交也无需介入到真正的交易中去。

例如，有一个会议桌的产品，在市面上卖 3.5 万元，而在阿凡达的商城里上传后的售价是 3 万元，成本价是 2 万元。那么在任何一个个人的商城网站上一旦产生了销售，那么这个个人商城网站能够获得商品利润的 50%，即 5000 元作为销售分利。而交易从售前开始一直到结束，这个个人商城的用户都不用真正介入到交易中去，交易过程中的沟通、付款、发货、售后等环节全都由商品的上传者也就是产品供应商来负责实施，个人商城的用户仅仅是在交易结束后获得销售分利即可。

这样一个商业模型是目前电商领域乃至其他领域都不曾有过的一种模型，它对于个人商城来说是全自动化的。甚至毫不夸张地说，个人商城的所有者只要知道自己的商城里有别人的商品在卖就可以了，甚至无需登录进来维护。等过段时间可能是一个月后再登录进来看看的时候就会发现已经有销售分利到账了。

上述就是阿凡达电商自动化模型的特征，依托这个模型，交易的过程中势必存在着一些与常规电商交易不同的地方，我把这些不同之处称为阿凡达“人人电商”交易的创新点，下面我们就来看看完整的“人人电商”交易流程到底是什么样子。

6.1.2　人人电商的交易流程创新点

在电商的交易流程里，一个交易的发起者是购买者，一般情况下购买者通过售前咨询强化了购买意图后会在商城店铺中提交购买需求，也就是下单。下单完成后商城店铺的运营者会在后台看到购买者的购买信息，同时等待购买者付款；购买者付款后交易进入发货阶段，在这个阶段商城店铺的运营者需要按照购买者提供的收货地址发货，直到购买者收到货品验证无误才会确认付款并给予商家评价。直到评价结束一个交易才算圆满完成。

从电商的这个交易流程里我们发现其中参与的角色只有购买者与售卖者，而在阿凡达电商交易的流程里增加了一个销售渠道的角色，我们来看下面的案例。

购买者小兰在张三的个人商城里看到了一件衣服，她想咨询一下材质与尺码的问题，于是在商品内容页点击了在线客服进行咨询。实际上这个在线客服并不是张三，而是该件商品的上传者A公司的客服。小兰在咨询满意后点击购买并付款，此时的成交实际上是在张三的店铺发生的，而这笔交易不仅在张三的后台能够看到，在A公司的后台也能够看到。不同的是A公司具有处理交易的权限，而张三并没有。因为张三的店铺仅仅是这些服装商品的销售店铺之一，张三既没有这件服装的货品，也很可能对这件商品的具体情况并不了解，所以阿凡达在设置后台权限时并未赋予个人销售商城以交易处理的权限。

发货实际上是由A公司来操作完成的，A公司从库房调出小兰订购的商品并按照相应地址发货。几天后小兰收到货品后确认了付款，此时这笔款项在扣除张三所得到的销售分利后发放到了 A 公司的平台账户中，销售分利发放到了张三的平台账户中，交易完成。

上述案例所描述的就是阿凡达电商交易的流程，在其中有一些值得关注的创新之处。

首先是商家的三倍赔付机制。这个机制在前面的章节已经介绍过，这里就不赘述了，它是确保货品是真品的销售保障，需要在上传商品时进行设置。如果一件商品在平台上的售价为 100 元，那么在交易发生时阿凡达将冻结销售商家 300 元作为三倍赔付基金，一旦交易发生过程中发现商家售假，那么这 300 元将作为赔偿金划入用户的平台账户，这是传统电商交易流程中没有的环节。

第二个创新点是销售分利政策。由于存在着一个中间销售渠道环节，因此交易涉及的角色实际上由两方变成了三方。为了鼓励所有用户通过阿凡达平台介入电商交易，并能够获得收益，阿凡达设置了电商的销售分利政策。案例中张三实际上就是销售分利的受益者，他在交易的整个过程里没有做任何事，却能够分享到 50% 的销售利润，依赖的就是自己的商城。销售分利实际上是一个比较复杂的体系，它不仅包括销售商城分利，还包括其他一些分利形式，在本章后面的部分中我们再做详细介绍。

第三个创新点是咨询服务的跳转。上面案例中我们能够看到购买者小兰在咨询商品详情时，实际上是与真正的商品供应商 A 公司发生咨询关系，而并不是与个人商城的主人张三，这其中就涉及一个咨询跳转的功能。实际上在阿凡达电商平台的所有商城内，发生在线咨询的时候采用的都是跳转功能，即购买者无论在哪个个人商城进行商品咨询都会直接连入该商品的上传者所设置的在线咨询服务窗口。这个功能保证了个人商城交易流程的自动化，同时避免个人商城介入交易流程中，影响交易的顺利进行。

通过上述交易流程中的创新之处，使阿凡达电商模型真正跨入了全自动、全受益的理想境界，平台上的不同角色都可以通过这个模型获益，因此可以说阿凡达打造的是一个倡导共赢的电商体系。

6.2 模型中的商家角色

在阿凡达的电商体系里，商家是一个相对特殊的角色，它由两个不同的部分组成，其中一部分是商品的上传者同时也是商品的共享者，而另一部分则是享受共享资源的商城，其身份也是卖家。

6.2.1 产品商家角色

阿凡达电商平台上的产品商家角色更为贴近传统电商平台的店铺卖家角色，阿凡达对这一角色的定位是它必须是产品的供应商，拥有产品的销售资质。因此这个角色所代表的是真正的产品商家，他们是阿凡达“人人电商”平台上的销售主体。

产品商家角色具有产品的上传权限，能够对所上传产品的实际情况负责，同时他们将承担售前、售中、售后、产品投诉处理等电商交易所有环节的相关工作，这一点与传统电商平台的店铺卖家角色相同。

产品商家是阿凡达平台上所有产品的上传发起者，在产品上传的步骤中，“人人电商”平台在产品的录入信息中有着一些创新之处，如图 6-1 所示。

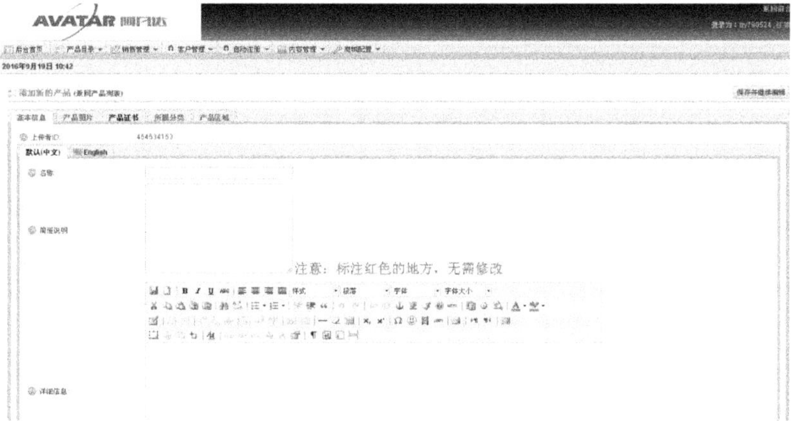

图 6-1 “产品名称和详细信息填写”图例

阿凡达电商后台支持视频的插入，视频作为产品展示的一个重要手段能够更具象化地对产品进行描述，在电商产品的内容描述中视频将越来越成为一种不可或缺的展示方式。

阿凡达创新地在产品上传信息中增加了“产品溯源”项。所谓的“产品溯源”是指一个产品的历史沿革、生产工艺流程等能够反映产品背景的信息。这部分信息对购买者了解产品历史、判断产品真伪有重要的参考价值，如图 6-2 所示。

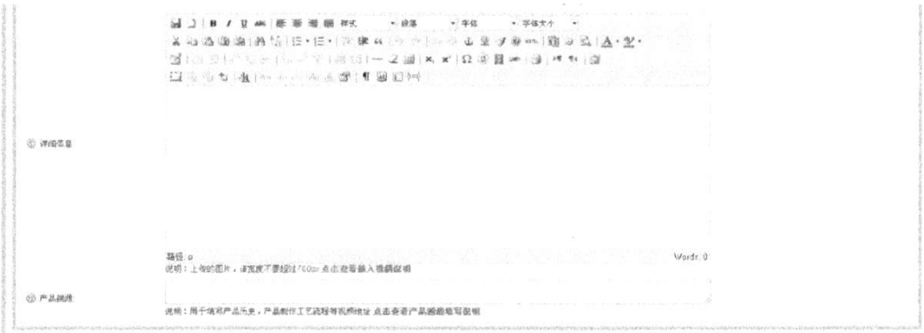

图 6-2 “产品溯源”图例

阿凡达后台的产品价格包含 4 个部分：会员价、市场价、产品成本与促销价，它们共同构成了产品的价格体系。市场价就是产品的市场参考价格，以产品的线下销售价格为主；会员价则是产品在阿凡达平台上的销售价格，一般情况下这个价格比市场价更低，它反映出商家在阿凡达平台上进行产品销售的一个折扣；产品成本是阿凡达独创的价格项，它是一个必填项，需要商家填写产品的批发价或成本价，产品成本项非常重要，它是阿凡达系统与商家进行销售结算的价格参照，同时也是销售分利体系的参考标准；促销价则是一个选填项，当商家发起促销活动时才需要填写这一项，它的价格往往比会员价更低，如图 6-3 所示。

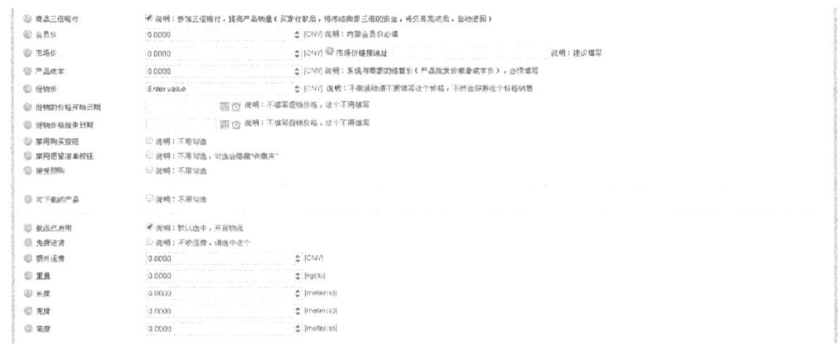

图 6-3　产品价格和产品物流信息图例

对于虚拟产品来说，商家可以对“可下载的产品”项进行勾选，然后设置需要下载购买的商品文件，如图 6-4 所示。

在库存管理部分，后台提供了一个“跟踪管理设置”功能，商家可以填入产品的总库存数，并设置“最低库存量”与“库存报警线”，当库存低于商家的设定值后系统就会通知商家；当销售达到最低库存数时商品则自动停止销售，如图 6-5 所示。

图 6-4　可下载的产品填写（虚拟产品）图例

图 6-5　产品跟踪库存信息

除了产品的基本信息外，阿凡达平台还要求商家必须填写产品的相关证明，以保证上架产品的生产资质。

最后也是阿凡达后台最重要的一个功能，即产品区域设置功能。

在前文我们已经介绍过产品区域设置的重要意义，它是产品销售区域化的遵循标准，对产品区域的设置将影响产品的区域展示、区域销售以及区域代理招商等一系列问题，它是阿凡达电商体系杜绝同款产品区域间不合理价格竞争的一个重要方式。

阿凡达后台的另一个特殊功能是“客户管理”功能，它支持商家对所有客户进行管理，如图 6-6 所示。

“客户管理”功能实际上是把已成交用户的信息进行收集汇总，便于商家在日后促销推广时使用，同时还能够帮助商家分析购买人群特征。

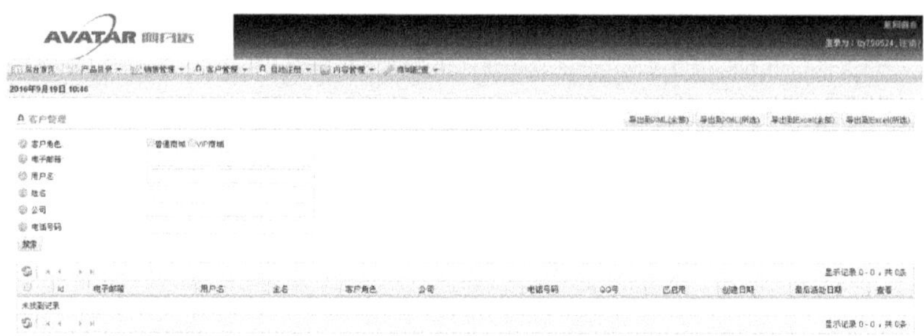

图 6-6　客户信息管理图例

从产品商家的角度来看，阿凡达电商平台在产品设置层面与其他第三方电商平台相比，提供了更为丰富的产品展示功能，同时对产品商家的要求也更高。究其原因就在于阿凡达对商品真伪以及质量的把控非常严格，希望从源头上杜绝电商固有的产品漏洞，从而建造一个纯净化的电商平台。从这个初衷来看，它不仅是对用户权益的保证，更是对商家能力的考验。

6.2.2　售卖店铺角色

阿凡达平台上商家的另一个角色就是普通的售卖店铺角色，这个角色是阿凡达创造的不同于传统电商商家的一个特殊角色。在前文我们就不止一次地提到阿凡达的电商模式是一个“人人电商”模式，它的含义是让全世界所有用户都参与电子商务。因此才有了“售卖店铺”这个特殊的角色。

“售卖店铺”就是针对普通用户，它让没有产品资源与销售能力的普通用户也能够变成商家，实现这一目的的方式就是阿凡达独有的裂变技术与同步共享技术。

首先，阿凡达通过裂变技术把裂变后生成的商城赠送给每个平台用户，这样就使所有平台用户都拥有了电商的基础设施——商城。

然后，通过同步共享技术，阿凡达把产品商家上传的产品按不同的共享条件共享给所有商城，这样一来，平台上所有用户就都拥有了做生意的另一个必要条件——商品。

最后，阿凡达设定了一个特殊的交易模式，那就是当用户在某个个人商城里发起购物需求后，由真正的商品上传商家接管整个交易流程并最终完成交易，这样一来，平台上所有用户就不用担心交易过程中的一切问题，如咨询、发货、售后等。

这个模式把用户的商城变成了一个纯粹的销售渠道，作为商城的拥有者既不需要花费精力参与交易，还能获得交易成功后的销售分利。虽说天下没有免费的午餐，但阿凡达的这个模式其实就相当于带给了每个个人用户“免费的午餐”。

阿凡达的这一模式在目前的电商领域是独一无二的，使用户可以无障碍、无门槛地涉足电商，而不仅仅是作为一个购买者。

6.3　间接售卖的佣金交易模式

由于存在着不同性质的卖家角色，阿凡达电商模式下的交易比常规的电商交易更加复杂一些，同时为了体现阿凡达电商“每个用户都可以通过电商售卖来获利”的理念，一种交易佣金或者称为销售分利的机制被设计出来。有了这一机制，在阿凡达电商平台上从事电商活动的用户就都可以通过自身店铺的销售来获得收益了。

也许你会觉得这本来就是电商售卖的基本法则，用户开店当然会通过销售商品来获得收益，然而请不要忘记，在阿凡达的普通用户个人商城上，所有的商品都不是用户自己的，而是别人的。阿凡达的个人用户大多在售卖别人的商品，不仅不用备货，就连交易流程都不必参与，同时还能获得别人的销售分利，这样的好事在如今的电商平台上从没有过。

6.3.1 让市场价与成本价尽人皆知

在前文我们曾经提到过有关销售分利的话题，它是一种商品提供者把销售后的利润进行分配的机制。那么在这个机制下，首先必须明确的是利润。利润在长期的电商交易中其实一直是商家刻意模糊的一个环节，除了商家，没有人能够确切地了解商家的某一款产品销售利润到底是多少。

如果不能了解准确的商品利润，那么由此而设计的销售分利机制也就不能得以实现。因此，阿凡达采用的方式是通过市场价与成本价的设置来暴露出商品的利润额度。从前文关于产品价格的图例中我们已经看到，阿凡达对一款商品的价格设置包含几个不同的方面，其中最重要的就是“市场价”与“成本价”，它们都是一款商品在上传时的必填项。

市场价是一个常规的价格，它是一款商品的市场售价，也是电商交易的价格参照，而成本价则是阿凡达在电商领域首创的一个价格指标，它反映的是商家商品的成本，可能是进货价也可能是销售成本价。这个价格在以往是被严格保密的，因为成本价一旦曝光，不仅会遭到竞争对手的打压，而且也会引起客户的砍价。那么，为什么阿凡达要设置商品成本价的必填项呢?

首先，可以获取商品的确切利润值。这一点在前文我们已经不止一次地提到过。商品的利润就是市场售价减去成本价得来的。这是设置成本价最直接的好处。获得了利润值，阿凡达的销售分利机制就有了实施的基础。

其次，也是最重要的一个原因是，阿凡达希望通过对成本价的设置**让平台上所有商品的成本与利润都变得透明**。这样做的好处：一是杜绝了恶性竞争，让电商固有的无休止的价格战消失于无形；二是规范了整个市场，在平台上建立起一套良性的商品价格体系，让每一件商品都具有统一的销售价格，从而杜绝了无序的价格乱象。

最后，它是**实现阿凡达电商利益共享理念**的重要途径之一。通过成本与利润的透明化，给平台上每一个用户都带来了销售分利的利益，共享商品销售权的方式不仅让商家扩大了商品销售范围，增加了销售渠道，从而卖出更多的商品；同时也为销售商带来了无成本的收益。

综上所述，阿凡达对商品销售价与成本价的设置突破了传统电商的销售瓶颈，把普通用户带入了电商运营的体系之中，这是阿凡达电商最显著的创新，同时也是“人人电商”理念得以实现的最重要的推动器。

6.3.2　店铺销售佣金分成比例

有了明确的利润值，阿凡达对于普通用户的店铺销售佣金的分成体系就有了实现的基础，在这个佣金分成的体系里，不同的角色将以分享利润的方式获得不同的收益。

首先是商品的上传商家，他是商品的真正拥有者与真正售卖者，他在交易过程中扮演着真正的商家角色，负责商品的售前咨询、发货、售后服务与交易纠纷处理等交易的全程环节。因此当一件商品被销售出去后商家首先将提取商品的成本额，而被留下来的利润额则需要由其他不同角色来分成。

个人店铺的销售佣金就是从利润额中分成而来的。在阿凡达的电商平台上，个人商城店铺的销售佣金分成比例被设置为利润的50%，也就是说只要在个人用户的商城中售卖出一件商品，这件商品利润的 50% 就归卖出商品的个人商城所有。这 50% 的利润分成可以看成商品的供应商对销售渠道的利润激励。

50% 的利润分成实际上是相当可观的利润额度，那么商家是否愿意付出这个利润额给销售商城的用户呢？答案是肯定的。第一，商家拥有了一个全球性的销售网络，相当于商家获得了一个免费的跨境电商平台，无疑对商家具有很强的吸引力；第二，商家无需付出任何电商成本与推广成本就使商品遍布整个阿凡达的销售网络；第三，由于每个销售商城的网址、关键词都不同，这就使商品信息能够大量被搜索引擎抓取，实现了搜索推广的目的；最后，商家还能够获得共享而来的全世界的海量数据。基于阿凡达平台给商家带来的这些好处，让商家贡献出一定比例的利润实际上并不是难以接受的条件。

如果从销售模式上来解读阿凡达的电商，我们可以这样来看：世界上最早的销售模式是推销，即一个人担着担子、推着小车去街头巷尾兜售货品；由于一个人做推销太累了，于是他就想出了把产品放到别人那里销售的方式，被称为代销；随着越来越多的商品采用代销的方式，负责代销的门店就逐渐演变成了小卖铺；在商品慢慢集中的过程中，互联网上的“小卖部”就形成了网店，如沃尔玛等；网店又采取了直销或者销售的方式来让销售变得更好，如京东、天猫等都在做直销与销售。

阿凡达电商的销售模式与传统电商平台不同，我把它称为自动销售。在阿凡达的平台网站上有全世界所有的商品，阿凡达的用户来就相当于总经销商，可以售卖所有商品，只要商家把产品上传到阿凡达平台，所有用户店铺就都可以自动售卖了。对于用户这个大店铺销售的奖励自然就是阿凡达建立起的 50% 的利润分利这个机制，阿凡达的系统对卖出去的商品会直接把该商品的 50% 利润划归到成交店铺的账户中。这一机制保证了用户销售的纯粹性，用户们只需要做一件事，那就是推广自己的商城网址，让客户来交易，其他的都不用操心。

这就是阿凡达电商的商业模式——自动销售，它的最大特点在于成本为零，时间无限。阿凡达通过利润共享的机制，让全世界的商品在平台上实现了互联互通，如图 6-7 所示。

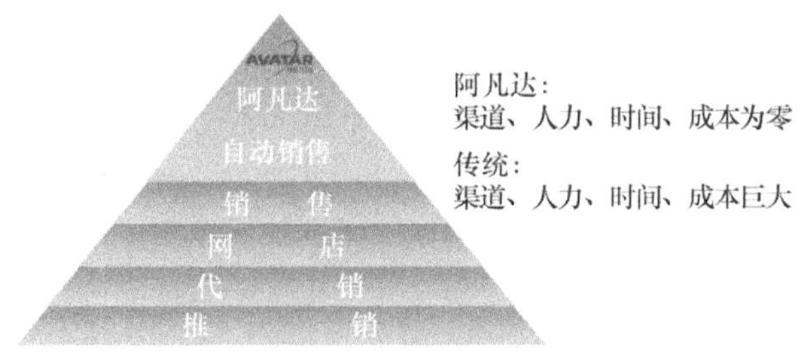

图 6-7　阿凡达电商销售模式图例

6.3.3 平台服务佣金设置

在销售分利机制下，除了销售商城能够获得销售分利外，阿凡达平台的服务佣金也将从商品销售的利润中提取，这个提取的份额与销售分利相比要低得多，大概在利润的 5% ～ 10%。

平台服务佣金是阿凡达平台的重要盈利点之一，它的设置与传统电商平台有很大区别。传统电商平台如天猫等，一般按年收取入驻年费与技术服务费，如果使用平台提供的特殊功能还要再缴纳费用，这些费用仅仅是第三方电商平台所设置的开店基础费用，并不包含平台推广费、广告费等。

在阿凡达平台上这些传统电商的平台费用都是不存在的。阿凡达倡导的是“永久免费”的理念，它的含义是从赠送商城开始，商城维护、技术支持均免费；产品上传无数量限制；后台功能免费全开放……

阿凡达相当于通过免费的方式为所有商家与用户提供了一个全开放的互联互通电商平台，用户无需再为平台年费、技术服务费等传统电商所必须投入的运营成本而发愁，这就是阿凡达“永久免费”理念的含义。

当然，一个第三方电商平台想要生存下去同样需要盈利，阿凡达把盈利点放到了商品销售上，每促成一单交易，平台就会从商家销售的利润中提取一定比例作为平台的服务佣金，这部分佣金也会由系统直接扣除。

除了在交易成交后收取平台服务佣金外，阿凡达平台在平台使用、服务提供等其他方面将不再进行任何收费。对于平台的用户来说，阿凡达的这一佣金设置是一种创新的极具人性化的方式，它既让平台有了持续发展的动能，又让商家在付出最小代价的情况下获得平台提供的全面服务，是一种建立在双赢体系之上的合理机制。

6.4　成交与售后

由于在交易模式上与传统电商存在明显的不同，因此在交易的核心环节阿凡达电商也有着自成一体的流程，尤其是在成交后的发货、售后服务以及交易纠纷处理等环节，阿凡达所采用的方式都是与裂变共享后的自动销售模式相适应的。从这方面来看，新的成交、售后体系能够给未来电子商务的运营带来很多有益的启示。

6.4.1　独特的交易转移机制

在阿凡达的电商运营模式中，对于个人化的自动销售商城店铺来说，最大的难题在于无商品。它带来了一系列的问题，没有商品商城如何运营？没有商品如何买卖？没有商品如何发货……

阿凡达通过共享率先解决了商品入场的问题，即通过商品上传者所发布的新商品资源以自动共享的方式放入平台所有的店铺商城中。自动共享技术解决了普通店铺的商品上架问题，却带来了一个新的难题，即商品交易难题。

由于共享商品资源的店铺实际上并没有这款商品，那么在真的有客户前来购买的时候实际上是无货可卖的。打个比方，就像一个小卖部的货架上全摆放着商品的图片，却没有实物，一旦有客人来买要如何完成交易呢？

为了解决这个难题，阿凡达启用了交易转移机制，即通过交易转移技术让进入任何一家商城购买任何一款商品的客户实际上都是在与真正的商品供应商发生交易。

一个客户在张三的店铺里下单购买一款手表，而张三实际上是这款手表商品的共享店铺，并没有这款商品的现货，这款手表的上传者A公司才是真正的售卖者。因此，当客户对这款手表感兴趣需要咨询的时候点击张三店铺商城中的在线客服，实际上连接的就已经是A公司的在线客服了，这里阿凡达采用了呼叫转移的技术。

与客服沟通确认购买后，客户在张三的店铺里拍下了这款手表商品并付了款，此订单在张三的店铺后台呈现出来，同时也出现在A公司的销售后台。A公司安排交易接下来的发货流程，与售后跟进，张三无需进行任何操作。

从这个交易流程中我们可以看到阿凡达交易转移机制所发挥的作用，它把真实售卖店铺的交易转移给了商品供应者，使交易由商品供应者代替售卖店铺来完成，从而实现了店铺的无现货售卖。

电商无现货售卖在过去是不可想象的，即使是代销与销售也必须要有现货的支持，否则交易根本无法达成。而在阿凡达的平台上无现货售卖变为了现实，它所采用的方式仅仅是交易转移技术。这门技术在流程设计与实施难度上并不复杂，然而却解决了困扰“人人电商”最核心的商品供给难题，它的出现让所有用户都具有了商品售卖的资格，使电商运营向着真正的“人人化”迈出了一大步。

解决了商品供货难题，发货问题也就随之解决了。由于商品销售权的分享方无法提供发货服务，因此发货的责任就落到了商品上传者即供应方一边，使交易完全成为客户与商品供应方之间的事情。

在阿凡达的平台上售卖店铺没有发货职责，因此根本不需要搭建物流体系，这就使售卖店铺的交易成本彻底归零。

6.4.2　售后问题解决机制

在商品成交后并不代表着交易就此终结，售后也是电商交易过程里一个不可或缺的部分。很多商品都存在着售后的问题，如电器的安装、商品的试用等。当产生售后问题时，与常规的电商有所不同，在阿凡达平台上有着自成体系的售后问题解决机制。

一般的电商售后问题解决机制分为商品售后、物流售后以及财务售后几个部分。商品售后主要是接收售后请求，与客户进行沟通，解决客户售后问题；物流售后则是在客户签收不正常的情况下跟踪订单状态，解决物流所造成的问题；财务售后则是负责进行售后财务核实，判断是否启动退款流程，直到交易最终结束。

上述售后问题的解决机制在阿凡达平台上全都存在，它们是交易发货方自身建立的售后体系，但除此之外，阿凡达还开通了平台售后问题解决通道，由平台出面来解决售后问题。阿凡达的售后问题解决机制是建立在公平公正的基础上，甚至在特殊情况下可以通过引入第三方证明的方式来处理售后问题。另外，阿凡达在平台上设立了专门解答问题的公众号，采用平台直接沟通的方式来排除问题、表明态度，同时，阿凡达还在每个不同的区域内设立了办事机构，开通了智能人工电话接听服务，能够在第一时间解决用户的售后问题，提升售后效率。

阿凡达平台所提供的售后问题解决机制是一套健全的体系，它包含售后问题触发机制、售后问题解决服务以及问题解决后的回访机制。在第三方电商平台角色里，能够全程参与，协助解决售后问题的只有阿凡达。从这一点来看，阿凡达对平台上交易的重视程度很高，极力确保交易在正常状态下进行，因为阿凡达知道一个交易如果在售后阶段出现疑问，不及时解决就意味着交易极有可能产生纠纷，一旦产生交易纠纷，售后应对机制就不足以解决纠纷，必须要启动交易纠纷处理机制。

6.4.3　交易纠纷处理机制

交易纠纷指的是买卖双方在购物过程中因各种原因而产生的分歧，经常出现的情况包括物流因素、商品质量因素等所引起的纠纷，出现这样的纠纷，处理往往比较复杂，需要经过退款、退换等程序，而一旦纠纷升级，交易双方无法自行解决，第三方电商平台就会启动交易纠纷的第三方处理机制。

表 6-1 展示的是京东商城的交易纠纷处理规范中的平台介入条件，它具有相当的普遍性，能够体现出第三方电商平台在处理交易纠纷时的普遍做法。

表 6-1 京东商城交易纠纷处理条件

争议类型	争议原因	申请京东处理争议条件
未收到货	订单7天未完成	配送异常
		签收异常
		物流正常但超过7天未送达
	24小时无快递单号	无货
		催发货
	48小时无揽件信息	催发货
售后审核	审核不通过	大小、色差审核不通过
		非买家责任（发错货、质量等）
	审核通过，上传快递单5天	签收后超48小时内未处理
		物流无法判定是否签收
退款	未完成订单	已发货超7个工作日未送到
		已拒收7天内未退款
		已拒收超7天未退款
发票	订单完成7天内	收到错误发票
		无法开具
		延期超过30天未开具（自客户反馈之日起）
		延期30天内未开具
少商品	少件（签收3天内）	少赠品
		少配件
		少商品
运费	拒收（扣除运费退款）	等待出库之前取消
		网页有拒收扣除运费公示
	签收后	客户原因要求补偿运费
		京东配送原因
		第三方配送原因
价保	订单完成7天内	小件商品
		大件商品
态度类	商家承诺不兑现	商家服务态度
	商家辱骂客户	

一般情况下，第三方电商平台介入交易纠纷实际上是以一个类似“法官”的裁决者形象出现的，它介入后需要纠纷双方举证，然后根据举证情况与交易实际情况做出仲裁，给出处理纠纷的办法。但由于第三方电商平台并非司法机关，实际上对凭证、证据的鉴别能力及对争议的处理能力都非常有限，因此当一些交易纠纷需要更为专业的鉴定或处理时，第三方电商平台的问题处理能力就显得不足了。

针对上述情况，阿凡达电商在交易纠纷处理机制中引入了一个“第四方”，即让具有更有专业鉴定或纠纷处理能力的机构介入交易纠纷中，目的是为了更好地对纠纷做出正确、权威的处理。

例如，当用户购买到某件价值较高的商品后因为不确定该商品是否是假货而产生交易纠纷。在双方的举证环节，用户可能并不相信商家的举证，或者对商家所出示的鉴定证书存在怀疑，那么此时阿凡达设立在区域内的服务机构就会出面协助用户去专业的鉴定机构对商品进行真伪鉴定，最终依据权威鉴定机构的界定结果来对交易纠纷进行过错判定与处理。

在上面的案例里就用到“第四方”鉴定机构，引入它的目的是让交易纠纷的处理更加具有信服力，让交易能够在公平公正的环境下进行。

除此之外，在阿凡达平台上还专门开设了保险公司账户，其目的就是把保险公司这一角色引入电商平台，作为一项对用户交易的附加保障。如前文曾经提到的三倍赔付政策，就是卖家把相当于商品销售价格三倍的保险金在交易发生的同时由系统自动转入“第四方”保险公司账号，当交易完成后再从保险公司账户划回卖家账户的一种交易保障方式。

因此阿凡达在交易纠纷处理机制的设立上，对“第四方”专业机构的引入是有别于其他第三方电商平台的一个交易处理方式。

本章我为读者介绍了阿凡达电商体系下全自动化的商业模型，其实这个“全自动”的概念是依靠商城的自动裂变、商品的自动共享、交易的自动进行、售后与交易纠纷的自动解决等几个方面来实现的，它们都是从享受共享成果的个人商城角度出发，并不是针对真正的商家，这一点需要读者特别注意。

第 7 章

人人电商七大优势

通过前面章节的介绍，相信读者朋友们已经对阿凡达电商的理念、模式和技术特点有了直观的了解。作为一个全身都散发着创新气息的新电商形态，阿凡达带给用户的是一种全新的电商体验，那么相比于传统电商平台，它有哪些优势呢？本章我们就来细数阿凡达所创造的“人人电商”的七大优势。

7.1 从“满足自我”到用户高黏性

从用户的角度来看，阿凡达所创造的“人人电商”在用户黏性方面的优势最为突出，在阿凡达体系内的用户对平台的依赖程度与使用频率都非常高，这就造就了平台用户的高黏性。

7.1.1 用电商捆绑用户思维

有数据显示，在用户黏性最高的网络应用里，社交应用与电商应用是位居前列的。而阿凡达电商在模式设计时专门在增加用户黏性上借鉴了社交应用的一些特点，同时在电商层面创新加入了一些用户自定义的元素，这样的设计使阿凡达电商散发出独特的用户魅力。

自定义商城网址的功能带给了用户一种全新的电商体验。传统电商店铺的命名规则其实也存在着店铺改名的功能，但这个店铺的命名只能是一个二级域名，如淘宝店铺的网址一律是 ×××. taobao.com 模式，即使能够随意修改前缀，后缀的 taobao.com

也必须保留。然而，阿凡达的用户自定义网址则链入了“域名注册”功能，如图 7-1 所示。

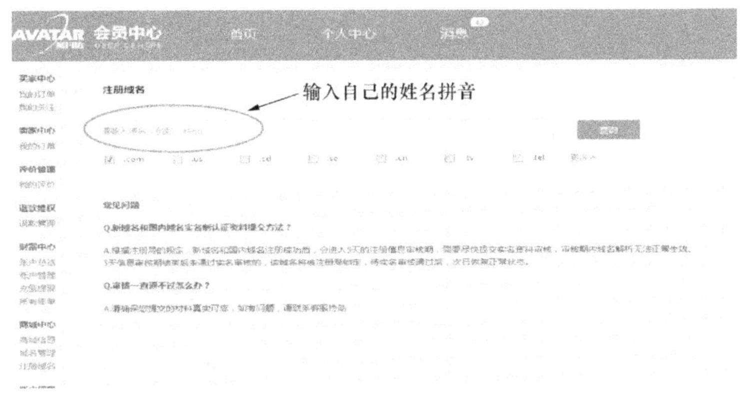

图 7-1　阿凡达商城域名管理图例

用户在阿凡达商城的用户管理端通过“域名管理”标签能够直接进入域名注册与域名管理界面，完成顶级域名的注册与管理，如图 7-2 所示。

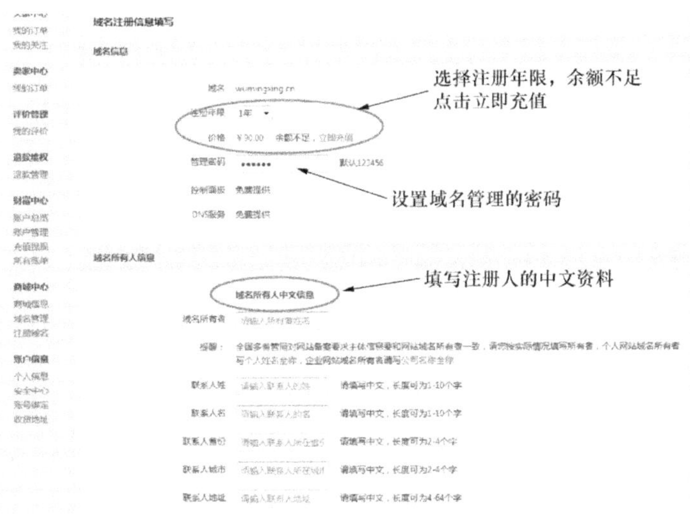

图 7-2　阿凡达商城域名注册图例

然后阿凡达通过接入域名解析功能把用户注册的顶级域名解析到目标网站即阿凡达商城中，从而完成用户个人商城的个性化域名设置，如图 7-3 所示。

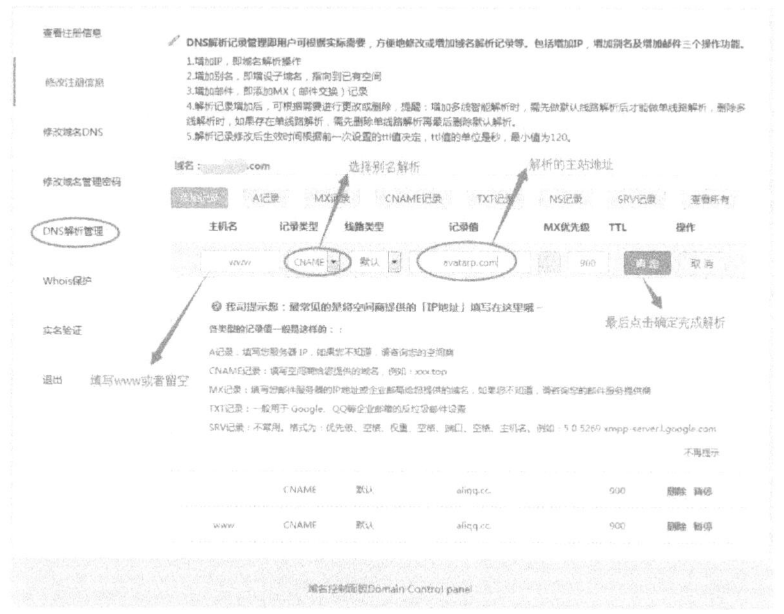

图 7-3　阿凡达商城域名解析图例

能够让用户把个人商城网址进行自定义且定义为顶级域名是阿凡达电商增加用户黏性的主要方式之一，它把用户的个人化商城与个人信息进行了绑定，使商城网址成为用户名片的一部分，有效增加了用户对阿凡达平台的依赖度。

同时，在商城的个性化设置上，阿凡达还提供了上传商城 Logo、更换商城主题、更改商城标题、更改商城默认的 Meta 关键字与描述等功能，如图 7-4～图 7-6 所示。

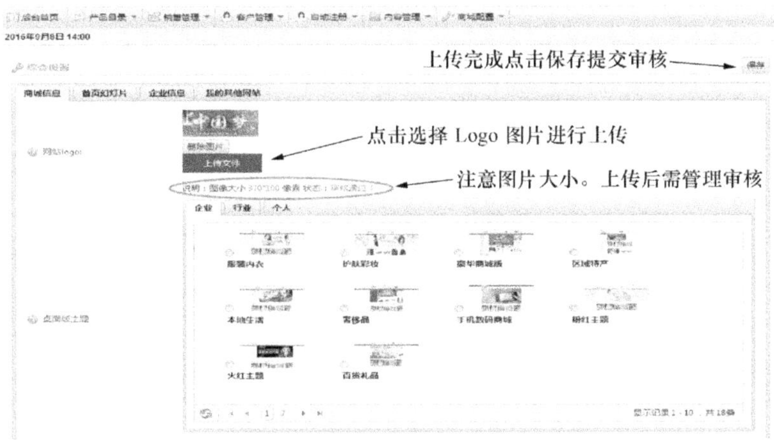

图 7-4　更改商城 Logo 图例

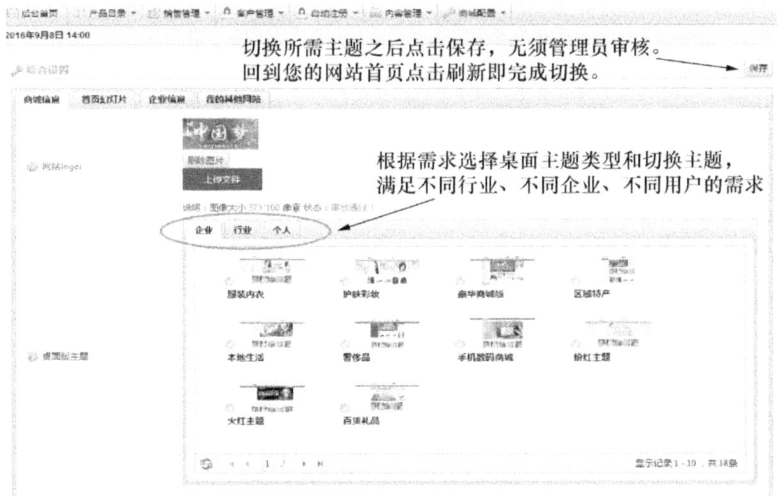

商城默认标题: 阿凡达商城 状态：审核通过！

商城默认的Meta关键字: 裂变、共享、免费 说明：全网推广，关键词建议写3个，用英文的","号分割，例：运动衣女,耐克运动服,运动服三件套 状态：审核通过！

商城默认的Meta描述: 为人类服务，大爱天下，服务全民。 说明：写一段80字左右的文字，对网站做个简单的综合概述 状态：审核通过！

图 7-6　更改商城标题、Meta 关键字与 Meta 描述图例

这些用户的自定义功能让用户能够把商城打造成为符合自身兴趣喜好的样子，让阿凡达平台上的商城都成为具有用户个人识别特征的电商名片。

7.1.2 自我优先与自我满足

阿凡达的用户高黏性的形成从更深层次来看是用户自我优先与自我满足所带来的结果。如果用户拥有自己的饭店，那么他就极少会到别人的饭店去吃饭，这就是“自我”的表现；如果用户的家人有一个商城，那么用户可能会优先去他的商城购物，这也是“自我”的表现。同样，当用户以自己的姓名或者手机号码作为商城的网址时，对于用户自身来说既不会忘记又会促使用户优先到自己的商城进行消费，这就是自我优先的含义。

在这种自我优先的心态下，用户对平台的黏性也就会表现出来。相比于自我优先，个人商城所带来的自我满足感其实更为强烈。其一，当你拥有一个完善的电商个人商城时，展示琳琅满目的商品本身就是一种成就，它会让用户产生一种成就感；其二，当商城运营获利后，收益所带来的满足感会使用户感到充实；其三，当商城成为一个个人化的标签，它无疑会提升个人在社交过程中的荣誉感……

基于上述原因，阿凡达的用户对于自己商城的依赖度首先来源于用户消费心理自我优先及自我满足的实现，其次才是电商收益。在这些因素的集体作用下，用户对阿凡达平台的高黏性也就自然而然地出现了。

7.2　自动转换与免费推广

“人人电商”的另一个优势在于海量数据的自动转换与免费推广，前者是技术层面的优势，而后者则是模式层面的优势。

7.2.1　海量数据自动转换

阿凡达对于海量数据的自动转换的含义实际上是把大数据转化为电商商城，采用的是数据的裂变技术，这一技术在电商领域的应用可以说是首开先河，它体现出阿凡达在电商层面的一种技术与模式相结合的创新。

我们都知道，近几年来大数据的应用正在成为一种潮流，同时也是互联网领域应用发展的一个趋势。电子商务由于先天具备大数据采集与整合的优势，使其在大数据应用领域具有相当强的拓展空间。然而对于电商平台来说，即使手握大数据资源，想付诸应用也并不是那么容易。这是因为电商大数据中的主体商品数据与用户数据其构成过于扁平化，不利于数据在应用领域的延展；同时，对数据的整合与分析并不是电商平台的强项，所以想要在大数据集合里提炼出有价值的数据所付出的成本过高，这些都成为制约电商大数据发挥价值的主要因素。

有鉴于此，阿凡达另辟蹊径，采用了数据转化的方式来直接对大数据进行应用。这无疑是一种最简便的数据应用方式，它不需要去收集数据资源，也不需要对大数据进行分析与整合，而是把现成的大数据导入平台转化为商城后直接进行应用。这样做的好处是在最短的时间内赋予了数据应用的价值，把初始价值并不高的原始数据转化为具有应用价值的黄金数据。

阿凡达的这种把大数据通过转化直接应用的方式在电商领域尚属首例，它是阿凡达对未来电商数据应用所做的有益尝试。通过裂变技术转化而成的新数据脱离了原始数据扁平化的桎梏，转变为商城数据。这种新数据显然具有更多的利用价值，也具备了更多的数据拓展应用的空间。

阿凡达采用的数据转化方式是一种对数据进行直接应用的思路，这对于大数据在互联网上的应用是一次具有创新意义的尝试。它省略了数据采集与分析的步骤，降低了数据应用成本，通过转化提升了数据价值；它采用了一个具有典型互联网思维的数据应用方式，把简洁、快速、有效的互联网理念融入其中，开创出一个基于网络技术的大数据应用市场。

7.2.2 互动联盟自动推广

大数据自动转换所带来的是商城形式的黄金数据，而当数据形式以电商商城形态展现出来的时候就势必要通过电商模式来进行应用，那么在应用过程中商城推广成为数据价值体现的主要方式。

在阿凡达电商平台上，由于同步共享机制的存在，商城在推广层面具有传统电商个人店铺所不能比拟的优势，我把阿凡达平台上的商城推广方式总结为“互动联盟带来的自动推广”。

互动联盟在阿凡达平台上是一个综合性的推广途径的集合，它包括搜索引擎、博客、微博、微信、行业网站、专业平台等具有不

同推广职能的途径，其参与者是平台上的所有用户。

以商品的关键词为例，在阿凡达商城上的商品关键词会在不同用户商城中展示以增加曝光机会，使搜索引擎在抓取这一关键词时抓取到不同的网页，从而增加了关键词推广的效力。同时，所有用户的社交媒体如微博、微信等与阿凡达平台都是互通的，商品的关键词会展示在这些用户个人的社交平台上，这就相当于是阿凡达平台上所有的用户都在帮助推广这款商品关键词，帮助商品的拥有者进行互动。这就是互动联盟自动推广机制的实施方式。

前文我们已经谈到，在阿凡达平台上不同的商城之间存在着显性或隐性关联。由于所有商城是通过裂变而来的，这就保证了商城之间存在着“血缘关系”，这种关系或是现实生活中的亲朋好友关系，又或是虚拟世界里的社交关系……即使是互不相识的人，在阿凡达的电商版图中也能够通过人与人之间的关联而产生联系。这就使阿凡达电商平台上的所有商城通过或强或弱的关联形成了一张复杂的关系网，这个关系网上的节点通过交易互动、社交互动等不同的互动方式形成了一个实时互动的行为联盟。如果把“互动”比作“震动”的话，那么不同的商城用户所进行的实时互动就像一个个震动源向四周扩散震动的力量，从而能够在整个互联网中带来“共振”效果。它的特征是多源头、多对象参与。

阿凡达用户的这种多源头、多对象的协助推广是一种完全自动的推广行为。同步共享技术让阿凡达平台上有价值的信息内容能够在第一时间被自动共享给平台上所有的用户，扩大了信息内容的展示面。同时，无论是搜索引擎的抓取，还是社交媒体的展示，全都无需用户进行复杂操作，对于社交媒体来说，用户仅仅通过分享按钮就能够实现信息的站外分享，无形中实现了有效信息的自动推广。

7.3 集群智慧，自动修复

“集群智慧”是目前互联网领域讨论较多的话题之一，顾名思义是集合一个群体中所有人的智慧，让所有人都发挥出想象力，从而完成一个目标。集群智慧在互联网的应用很多表现在产品创新层面。例如，小米公司就是集群智慧的有效运营者。它的手机产品在设计阶段会在大量粉丝群中征求意见，粉丝所提出的功能建议与应用建议都会被小米的设计团队借鉴，从而使小米的手机产品更加贴近用户需求，这其实就是一个集群智慧的典型案例。

集群智慧在阿凡达平台上展现得淋漓尽致，其表现方式与众不同。

7.3.1 开放权限，鼓励用户修复

阿凡达的平台是一个开放的平台，这个“开放”首先表现在开放了用户权限。在阿凡达平台上，用户权限不仅仅表现在自身商城的运营上，更多还体现在对整个平台的影响上。

一方面，用户可以根据自身喜好来定义商城，这一点与传统电商平台有很大不同。阿凡达对商城的定义是全方位、多种形式的，因此它提供给用户的权限也包含这一特征。在阿凡达平台上，商城

的模型可以是传统店铺，也可以是一个专业性网站，甚至可以表现为一个博客……

图 7-7 是阿凡达平台用户商城的一个特殊模型——带有行业属性的专业网站平台。无论从栏目设置还是页面布局，都不会让人把它与电商店铺联系在一起，这就是阿凡达带给用户的店铺设计权限。它让用户可以自由定义自己的专属商城，让商城在拥有电商交易属性的同时更能具有用户个人化的色彩。赋予用户定义商城的权限使阿凡达平台上的商城展现方式丰富多彩，商城成为展示用户个人喜好的特殊载体。

图 7-7　阿凡达平台上的“空中影院”图例

为用户开放平台权限的另一方面，表现在用户对平台的内容修复上。阿凡达给予用户修改个人平台信息内容的权限。由于用户商城里的所有内容信息均是通过共享而来，实际上用户对于信息内容并不负责，但为了鼓励用户把个人商城做好，阿凡达开放了商城内容修改权限，让用户可以在发现商城内容问题后及时对错误进行改进。由于同步共享技术的支持，用户在修改商城内容后一旦通过系统审核，这一改进之处将同时更新在阿凡达全平台的所用信息发生地，也就是说用户的修改权限将会影响整个大平台。

之所以开放用户的平台修改权限，是因为阿凡达更多地考虑通过用户的主动行为让平台变得越来越趋于完美，发动用户的集体智慧帮助平台实现“零错误”与“零误差”，从而让用户成为平台真正的主人翁。

7.3.2 开放平台，打造集群智慧

开放权限带来的是一个开放的平台，用户的自我修复汇集一处就成为“集群智慧”的表现，这就是阿凡达发起用户集群智慧的方式。

有了用户自发的自动修复功能，阿凡达的平台系统就可以自动延续下去，并且越来越趋近完美。例如，当用户的个人商城出现错别字，任何用户发现这个问题后都可以进行修改，这就是自动修复的最高境界——集群智慧的表现。

当阿凡达平台发展到全球化的时候，可以想象互联网平台上任何一处信息内容错误，全世界的用户都能够使用自动修复功能进行修复；任何一家物流出现了问题，就有第二套物流方案替代上去。当一个新技术出现的时候，按以往的模式需要付出庞大的推广成本，然而在阿凡达的平台上推广是自动产生的，无需任何成本，只需把新技术引入阿凡达的系统即可，一旦它出现在阿凡

达的系统中，那么技术推广、技术分成就自然而然地实现了，这就是集群智慧更深层的贡献。有了集群智慧的贡献，不仅能够为用户带来便捷的服务与利益，更能推动阿凡达平台永远走在互联网的最前沿。原因很简单，阿凡达平台并不是一个人、一个团队在创造、在运营，而是全世界所有人、所有团队在共同创造、共同运营。如果真正到了这个阶段，那么阿凡达平台就不再需要技术人员维护了，而是成为一个全开放式的大平台。

7.4　打破壁垒，信息互通

阿凡达“人人电商”平台的另一个优势是全平台的信息互通。众所周知，互联网的存在本质是让信息能够得以顺畅流通，从而实现全球化的信息共享与技术共享，让人类享受到共享所带来的种种好处。但实际上，由于存在区域壁垒、商业壁垒、技术壁垒等，信息并不能真正共享。遵循互联网发展的趋势，阿凡达平台从模式的设计上就考虑到了用户信息互通共享的需求，它所采用的方式是通过技术来颠覆壁垒，从而让互联网回归本质，实现真正意义上的全球互联。

7.4.1　用技术颠覆壁垒

在技术上的创新是阿凡达互联网电商应用的一大亮点，同步共享技术是其中最重要的创新之一，它也是阿凡达用来打破各种互联网壁垒的有力“武器”。

出于对某些重要信息的保护，设置壁垒其实是很常见的措施之一，这是无可厚非的，这不是阿凡达所要针对的目标。对于正常的信息共享来说，一些壁垒就成为阻碍的屏障，对于用户分享造成了影响，阿凡达需要颠覆的就是这些本不应该存在的壁垒，如全流通商品信息的区域壁垒等。这些壁垒出现的目的大多是为了从用户身上赚取更多的利益，因此是不应该存在的壁垒。

阿凡达打破壁垒的方式主要依赖于同步共享技术。应用共享技术，平台使信息能够在即时情况下自动共享给平台上的所有用户，避免了其中可能涉及的人为因素。阿凡达平台的全球化属性使得信息流通的覆盖面实现最大化，而通过免费共享的方式无视区域壁垒，疏通了信息孤岛，使得信息在不同区域的用户之间自由传递，畅通无阻。这便是阿凡达打破信息流通区域壁垒与门户壁垒的方式。

阿凡达在针对共享方式的设计过程中深刻理解到，通过人为的方式消除信息流通壁垒的难度非常大，尤其是互联网具有不同于其他媒介的独特特征，它使人的因素在互联网空间的表现力并不强，人为控制互联网信息流通的实现难度很大。有鉴于此，阿凡达认为首先必须建立一个信息流通与分享的规则才能够确保信息的互联互通，而实现这一规则就需要互联网技术来支持。

阿凡达的同步共享技术在前文已经专门做过介绍，在这里就不赘述了。这门技术是基于互联网的共享特质而来，把信息共享作为主要功能，对现有的互联网技术而言是一个新的突破。它在阿凡达平台上的应用无处不在，从裂变开始，裂变后的新平台信息就得益于同步共享，在平台生成的第一时间启动自动共享把信息共享至新平台，以此类推，让信息无限共享下去，从而实现互联网信息的全球互通。

我们可以把同步共享技术看成一座信息流通的桥梁，它把信息的发起者与其他所有用户连接在一起，形成一个单点多向的信息发散网，从而实现信息的多向流通，这就是阿凡达打破信息流通壁垒所采用的同步共享技术的特征。

7.4.2 全平台信息互通

从流通区域来看，信息在阿凡达平台实现的是全平台的互通。每一个用户都有信息的接收权，同时也具有信息筛选的权限。

以商品信息为例，理论上一件新商品的信息一旦发布出去就会共享给平台上所有用户，但是由于用户的喜好不同，对信息的筛选角度就会不同，因此，阿凡达平台上的用户拥有对信息的选择接收权。用户对商品信息的筛选可以根据品类、地域、价格等不同的条件而得到不同的信息。

用户张三把自己的商城设置为户外用品商城，平台上所有户外用品的商品信息都会展示在张三的商城。相反，并不属于户外用品品类的商品信息则不会展示在张三的商城。比如，当有商家上传了一款服装的新商品后，它就不会出现在张三的商城，这并不是共享技术出了问题，而是张三对共享条件的设置所带来的结果。

从上面的案例我们能够看到，阿凡达对信息的全平台流通设置了定制功能，这表明阿凡达不仅满足了大平台的信息互通，而且还充分从用户角度考虑了庞大信息量的接收问题，让用户自己决定接受信息的类型，从而帮助用户完成了一个信息筛选的过程。通过技术提供的信息定制功能让用户仅需要花费很少的精力就能够从庞杂的大数据信息中找到自己所需要的有价值的信息，这是阿凡达信息共享中的一个亮点之处。当然，用户可以随意修改信息筛选条件，从而调节信息接收结果。

全平台的信息互动仅仅是一个信息共享的开端，阿凡达以“人人电商”平台为先导，随着平台影响力与规模的逐渐扩大，信息互通的范围也会扩大，直到影响整个互联网络，这才是阿凡达信息互通的大战略。

7.5 价格透明，利润公开

阿凡达“人人电商”与传统电商平台最大的不同在于，对交易价格的设置在常规商品销售价的基础上增加了“商品成本价”的必填项。这一设计对于电商行业而言是具有颠覆意义的革新，它打破了传统平台商品销售价格模糊的现状。对消费者而言，阿凡达平台的新商品价格体系能够让利润更加公开透明，让消费变得更加放心。

7.5.1 成本价透明化

阿凡达对商品成本价的公开让每款商品的利润都不再被掩盖，这对于消费者来说是好事，然而对于商家而言则不那么情愿。那么，阿凡达的新价格体系能否被商家所接受呢？答案是肯定的。

对商家来说，在电商平台上销售商品的最大目的就是尽可能多地把商品卖出去，而在传统电商平台上尽管商品利润并不透明，但是商品的销售价格比较混乱：同款商品的销售价格往往千差万别，其中既有店铺相互竞争所带来的价格打压，也包括供应商与零售商之间的“战争”，甚至还包括不同区域销售商之间的恶性竞争……

价格在销售环节中处于最敏感的地位，因此电商商品销售价格的多样化其实给每一个商家都带来了很大的困扰。阿凡达有效地解决了这一问题。一方面，阿凡达的商品价格体系避免了这种情况的发生。商家是唯一的商品一级销售价格制定者，它旗下的区域经销商则是二级商品销售价格的制定者，而其他店铺只能共享商品的销售资源，对价格并不具有控制权。这使得在同一区域内同款商品并不存在网络价格竞争，这种价格设置体系无疑去了商家的心病，受到商家欢迎。

另一方面，在阿凡达的交易模型里并没有隐性讲价系统。在传统电商平台的交易过程，讲价实际上是一直伴随存在的现象，用户希望能够以更低的价格买到商品，因此和商家在售前环节沟通的过程中除了了解商品的情况外，讲价是最大的目的。讲价这个隐性环节实际上对于价格体系的保障起到了很大的破坏作用，它既让商品的销售价格变得更加难以捉摸，同时还缩减了商家的利润。而在阿凡达“人人电商”平台上，讲价是行不通的。这是因为阿凡达平台上的商城都是通过共享获得商品的销售权，个人用户对商品价格并无自主控制权，这就保证了商品价格的唯一性，同时也杜绝了讲价的可能性。

基于上述两个方面原因，阿凡达平台实际的商品价格体系非常牢固，整个平台对同款商品的销售价趋于一致，因此，即使公开商品成本对商家也并不会造成影响。

商品成本价的透明化是阿凡达建立的新商品价格体系所带来的结果，它实际上是对商家和消费者同时负责的一种模式。在“人人电商”的总站上是不销售任何商品、不注册任何会员的，阿凡达所做的仅仅是统计与展示，通过销量、点击量等条件对店铺商城的排名进行统计，然后在总站把优秀的店铺商城展示出来。这样做的好处是让每个用户把精力放在自己的商城推广上，而不用把过多的精力放在主站。

阿凡达一直认为在未来的商业模型里诚信是关键，电商交易尤其如此。阿凡达的“人人电商”所做的就是帮助商家与消费者共同建立一个诚信的交易体系，在平台上营造一个清新的交易环境。商家上传每一款商品时都要签署电子授权书，授权给平台上所有店铺进行商品销售，这实际上就是诚信的一种体现，平台杜绝恶意竞争也同样是净化交易环境的一种典型表现。

7.5.2 利润额公开化

成本透明给交易价格带来的直接影响是让每一款商品的利润额变得公开，这对人们在社会中长期建立的价格体系造成了一种潜移默化的冲击，无疑会使商人们抵制这种举动，因此以往想要推行利润公开的一切行动都无疾而终。

然而随着互联网电子商务的普及，交易呈现出显著的网络特性，它让商家既爱又恨，爱的是商品销售的辐射范围越来越广，购买的人越来越多；恨的是无序的价格竞争让利润减而又减。而在电商成熟模式的基础上，阿凡达首先推行了利润额公开化的电商交易规则，这一举动无疑打破了传统电商思维，带来了一个全新的电商交易体验。事实会证明，它所带来的影响在电商乃至整个商品交易领域都将是积极而正面的。

利润本来就不是见不得人的东西，它是商家清楚，消费者也同样明白的一个交易道理，只不过在从前，利润属于商家单方面知晓、消费者模糊的信息。这种信息不对称其实造成了交易双方在商品价格上的“斗智斗勇”，有时双方对价格的过分关注甚至超过了商品本身，它把交易变成了一种在价格上的你争我夺。

从这一点上来看，阿凡达对交易利润的公开实际上是一个还原交易本来面貌的行为，它让一件商品的所有价格体系都清晰地展现在交易双方面前。在这种情况下，交易双方的关注点就从价格转移到了商品，消费者会根据需要对商品所提供的价值进行考量，商家也省下了与消费者在价格上纠结的精力，从而更注重提供商品的实用价值，这是阿凡达理想化电商交易所呈现出的面貌。

在阿凡达所涉及的交易体系中，利润额的公开化是一个潜移默化的过程，它是慢慢呈现在用户面前的，而并不是直接显示在交易的任何页面里。我们都知道，利润是销售价格减去成本价格得出的差额。在阿凡达电商的交易过程中，交易价格是公开的，而成本价格是商家在后台录入系统的，不显示在前台的页面上。只有在完成交易进行利润分配的时候，售卖店铺通过利润分配的额度才能够推算出商品的利润。

根据这个交易特点，某件商品的真实利润额会首先被实现售卖的店铺知晓，然后随着商品在不同的店铺实现售卖，商品的利润额会被慢慢传递出去，直到在整个平台变得透明。由此可见，在阿凡达平台上所有商品利润额的完全公开需要经历一个过程，这个商品的关键信息是由不断完成的交易来实现传递与共享的，这就是阿凡达“人人电商”利润公开的过程。

可以想象，全球范围内的所有商品在进入阿凡达平台后都会经历这样的情形：随着交易次数的不断增加，其利润额会被展现在越来越多的用户面前，最终实现全平台的公开化。到那时，商品的价格体系再也没有什么秘密可言，人们的交易将脱离价格的制约，回归到纯粹的以需要为前提的交易初衷上。电子商务再也不是商品价格战的战场，而是还原到简单、方便、快捷的交易服务层面，这才应该是未来电子商务发展的重要趋势。

7.6 销售分利

前文我们曾经探讨了阿凡达所独有的销售分利模式，它是建立在交易多角色的基础上，为了鼓励普通用户商城实现售卖，完成裂变而设计出的。这种鼓励方式也是阿凡达电商的一大特色。

7.6.1　创造“销售商”角色

在阿凡达“人人电商”的平台上每个用户都有两个身份，一是商品的购买者，二是商品的销售商，无一例外。第一个身份比较容易理解，作为购买者，每个用户在阿凡达平台上都具有购买任何商品的权利，那对于第二个身份，阿凡达是如何来实现的呢？

首先，阿凡达采用共享技术把商家上传的商品共享给所有用户的个人平台，这就实现了所有用户的个人平台都有商品可卖，以此赋予用户个人平台以电子商城的属性。

其次，阿凡达解决了商品成交的问题，即通过交易跳转的方式，把任何用户商城里发生的有关任何商品的交易都自动跳转至该商品上传者的平台系统中，使交易越过了售卖店铺直接在购买者与真正的商家之间发生。

上述方式只能说明阿凡达是“强行”把所有用户拉进到电商交易的流程中，而并非用户自愿。最后，阿凡达通过销售分利的方式让参与销售的用户店铺分享到一定比例的商品利润作为回报，从而扭转用户被动交易的态度，使用户能够在获得交易激励的情况下主动且自愿地参与到交易中来。

通过上述方式，阿凡达能够把平台上所有的用户都变成商品的销售者，从而创造出一个有别于传统电商的新角色——“中间销售商”。“中间”这个词的含义在于用户成为了交易的一个桥梁，把购买者与商家连接到了一起；同时，用户的个人商城平台成为交易的“中间”平台，购买者的所有行为都发生在这个平台上。

纵观当下所有的第三方电商平台，都是以买卖双方作为交易主体，交易也都发生在两方之间。而阿凡达的这一交易模式创造性地引入了“中间销售商”角色，这一角色是普通用户，不需要任何商品销售经验，不用管商品库存，不需要提供售前售后服务，甚至不需要直接参与交易流程，但却能获得商品交易完成后的销售分利。

乍听上去简直没有比这个“中间销售商”更好的职业了，什么都不用做就能够获得销售收益，这不是天上掉馅饼吗？其实并不是这样。“中间销售商”所获得的一切权益都必须建立在一个前提之上，那就是交易发生在你的店铺商城。换句话说，只有当消费者在你的店铺商城中拍下了商品，提交了交易需求，那么你的“中间销售商”身份才正式启动，才能享受到上文提到的各种权益。

因此，这一规则所带来的问题或者难点就在于如何让交易发生在自己的商城。这是普通用户想要获得交易分利需要做的唯一一件事，它需要用户对自己的商城进行推广，让购买用户能够从自己的商城入口完成交易。

7.6.2 人人零售的销售分利模式

阿凡达所打造的销售分利模式针对商城所有用户，它是一个“人人零售”的激励模式，这种激励的利益价值非常大，其额度占一件商品利润的 50%。

在阿凡达销售分利的模式里，作为“中间销售商”的普通用户能够从一次交易中获得的分利是所销售商品利润的 50%。前文我们曾经举例过，假如一件商品的成本价为 100 元，销售价为 200 元，那么每成交一件，“中间销售商”就能获得 50 元的销售分利。

在阿凡达销售分利体系中，上述分利方式是最明显也是最常发生的一种情况，在每一次的交易中都会产生上述分利。同时还有另外一种分利方式，即裂变源，商品上传者在全球范围内获得该商品交易的销售利润分成，这一分成比例是 1%。这个模式理解起来相对难一些，它的含义是当一个用户发起裂变后，裂变出的新用户一旦上传了商品且形成了销售，作为裂变发起者的用户将能够享受到新用户商品销售利润的 1% 作为分利。

从这里我们能够看到，实际上销售分利不仅仅是为了鼓励个人用户商城交易，还同时鼓励用户主动发起裂变，把更多的用户带入阿凡达平台。如果一个用户发起裂变带来 100 个甚至更多新用户，那么他所能够享受到的销售分利机会就会更多，并且这个分利模式是具有长期性与持续性的，只要发生交易就会产生分利。并且，这种分利方式与裂变源用户没有直接的交易关系，裂变源用户作为第四角色隐形存在于交易中，其唯一作用就是通过裂变带来了这个作为商品上传者的新用户而已。

双重销售分利的体系给阿凡达平台上所有的用户带来了获得收益的机会，真正实现了阿凡达电商从创立之初就秉承的让所有用户都能够分享到电商交易带来利益的信念，同时这也是阿凡达电商共享理念的最好体现。我认为，应该让所有用户都具有参与感，乐在其中，这样的电商才是全人类的事业。全球所有用户都能够通过一个大平台来实现电商梦想、共享电商资源、分享电商利益，那就是一种“人人电商”的理想境界。

7.7 公平公正，人人商业

“人人电商”之所以被称为“人人”，是因为在一个大平台上所有用户都能够无差别地参与电商活动，体验电商带给我们的便利。想要实现这一点，除了具有符合所有用户需求的模式外，还需要从第三方平台的角度出发，营造与维护大平台环境，打造一个公平公正的“人人商业”体系。

7.7.1 人人电商，人人平等

对于电商而言，经过了这些年的发展，到目前为止仍然不能说拥有了绝对平等与绝对公正的环境。这种不公平、不平等的情况在电商平台上比比皆是。如并不是所有用户都拥有电商店铺，这一现实让很多用户享受不到交易的销售感；很多规模较大的商城存在着“店大欺客”的现象，它让很多消费者体会不到满意的消费体验；当消费者向平台投诉时还会发现很多情况难以解决，很多投诉无疾而终，消费者的怨气只能自己咽下；假货、诈骗等伴随电商而来的负面问题始终没有更好的解决方式……

上述这些问题是电商没有实现“公平公正、人人平等”的最大障碍。在阿凡达平台上一直在努力地避免这些问题的发生。

首先，对每个新用户阿凡达都会赠送一个用户专属的商城，它让每个用户从进入平台的那一刻开始就拥有了自己的电商商城，用户既可以购买也可以售卖，保证了所有用户电商体验的一致性。

其次，对于交易中的纠纷，阿凡达拥有一整套监管与投诉机制，位于不同区域的阿凡达分部会第一时间参与用户的交易纠纷中，保证了用户的交易利益。

另外，针对售假问题在前文也曾专门做过介绍，三倍赔付机制以及网站公告让售假与诽谤等电商毒瘤无处安身，保证了平台的公正；销售分利机制同样保证了所有用户的销售利益，营造出一个公平、公正、公开的交易环境……

综上所述，阿凡达在“人人电商”的体系下极力打造的是一个“公平公正、人人平等”的电商环境，在阿凡达的平台上用户不存在人为的等级差别，只存在由交易积累的信用等级与服务等级的差别。这更有利于让电商行为回归交易本质，让商家行为回归商品的生产，把提升商品质量作为满足购买者需求的唯一方法。这才是阿凡达“人人电商”模式所要追求的理想化状态。

7.7.2　开垦人人创业“实验田”

如果每一个用户都上传一款商品，那么阿凡达电商平台就会拥有全世界所有的产品，这就是阿凡达电商所带来的全球化效果。通过引导全体用户参与电商活动，最终在阿凡达的平台上每个用户都有生意可做，每个用户能够实现自主创业，这是阿凡达平台最大的商业价值所在。

对于第三方电商平台而言，平台所承担的实际上是一个环境提供者角色，那么平台能够营造出什么样的环境对平台用户而言实际上非常重要。阿凡达从一个交易环境维护者的立场出发，对交易规则、利益分配方式、交易流程和用户参与方式等诸多交易相关方面进行了创新，从而打造出一个新型电商第三方平台，它带给用户最大的福音就是形成了一个“人人创业”的平台氛围。

在阿凡达平台上，每个用户无须创业成本，也无须对商品进行研究与了解，更不用承担任何平台费用、仓储费用及物流费用，就能通过裂变方式、推广方式获得交易分利，这无疑是一种“傻瓜型”的创业模式。它不仅适合初创业的年轻人，对各个年龄层的用户都具有吸引力，是一种普及型的全民创业方式。

每个用户在阿凡达平台上只需要做两件事就相当于完成了创业最艰难的考验：其一是尽可能裂变更多的新用户，这件事可以让用户作为平台推广者获得间接销售分利；其二是尽可能去推广自己的商城平台，引导更多的用户进入个人商城进行交易，这件事可以让用户享受到交易所带来的直接销售分利。

做到了这两件事，用户商城就能自行运营起来，用户甚至无须每天登录商城也能获得所有商城内交易的即时分利。这就使得用户一改以往被电商交易拴在电脑前生怕遗漏了一条咨询信息的窘境，让用户无须花费更多精力也能够获得相当可观的电商收益。

阿凡达的电商并不是绑架用户人生的电商，而是帮助用户获得更好人生的电商。它通过全自动化的交易处理机制让普通用户脱离了电商运营的束缚，可以把更多精力放在自身店铺的推广上，可以有更多时间去享受人生、规划人生。也许当用户在享受假期的时候，自己的商城正在获得新商品的共享所带来的交易收益，让用户可以尽情享受阿凡达所提供的“人人创业”的电商模型所带来的好处。

本章我们为读者详解了阿凡达“人人电商”模式下的七大优势，这些优势不同于传统第三方电商平台，它们都是阿凡达电商重要的创新之处，也是阿凡达所创造的电商模式的独特之处。它们很好地体现出了“人人电商”的精髓：基于全球用户共同参与、共同创造、共同分享而生成的理想化电商平台。它是传统电商的一次蜕变，也是电商打破各种壁垒、消除各种负面影响，最终获得新生必须要走的一条新路。

第8章
集成功能，电商扩展

我们把阿凡达平台定义为一个集成功能的大电商平台，它的包容性非常强，并不仅仅局限于电商功能，而是融合了搜索功能、社交功能、客服系统、身份认证功能等多种互联网应用功能。如此多种的复合功能集成在同一个平台上是阿凡达创新的又一个显著例证，通过对这些应用的集成不仅丰富了商城的功能性，而且为用户的应用带来了便利。

8.1 搜索互通与全网对接

全网搜索是阿凡达平台提供的一项附加应用，通过打通搜索引擎让阿凡达平台与互联网上所有网站实现了互联互通。它所带来的好处是让用户只需要登录阿凡达“人人电商”平台就能够与世界互联，节省了用户的时间、解决了用户的问题。

跨越电商与搜索的互通之桥

与搜索引擎的联通是连接全球互联网网站的一条便捷之路，也是实现阿凡达共享思维的一个重要表现形式。因为搜索引擎是一个网站信息集成的共享平台，从这个角度来看，它的功能性与阿凡达的共享理念不谋而合。因此，在进行平台设计时，阿凡达就已经在考虑如何把搜索引擎应用植入进来。

这里所说的搜索并非平台的站内搜索，而是与大型搜索引擎进行联通，从而实现全网搜索。

图 8-1 是阿凡达个人商城的图例，我们能够看到在左上角出现的百度搜索框，这就是阿凡达与百度搜索联通的效果。在这个个人商城页面上，用户只需在百度搜索框中键入搜索关键词即可直接跳转至百度搜索内容页，从而无需直接登录百度首页即可实现搜索需求。在图的中心位置，我们能够看到一个产品搜索框，那是阿凡达站内的产品搜索功能，它与搜索引擎联通的全网搜索并不是一回事。

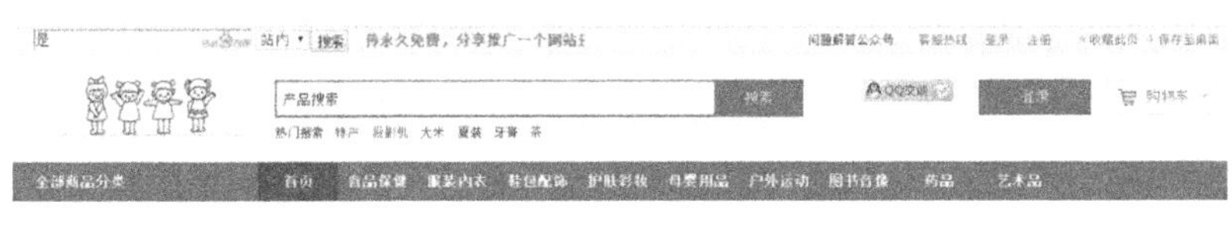

图 8-1　阿凡达商城搜索互通图例

通过引入搜索引擎的应用让阿凡达平台实现了从纯电商平台向集成性功能平台的转型，它带给用户更丰富的功能体验，打破了传统电商单一而保守的应用逻辑，开拓出一条新的电商平台发展之路。对于用户而言，搜索应用的加入从实用角度提升了用户使用的便捷性，既节省了时间又解决了用户的即时性搜索需求。

通过对用户行为的分析，阿凡达发现很多用户在电商平台上进行活动的时候都会出现临时性的搜索需求，以往用户只能重新打开一个新网页去登录搜索引擎来实现自己的搜索需求，不仅因为过多的操作步骤耽误了时间而且对用户的电商购物体验带来了负面影响。基于此情况，阿凡达希望能够把电商与搜索这两个看似毫无关联的应用融为一体，从而改善用户的电商体验，提升用户的需求满足效率，这就是阿凡达平台集成搜索应用的最主要原因。

当然，想要实现这个目的不仅需要技术支持，而且还需要与搜索引擎建立合作关系，阿凡达为此专门与各大搜索引擎进行了联合，把百度、360、谷歌等知名搜索引擎连入电商系统，从而实现了电商平台与搜索引擎的互通。

根据用户的搜索习惯，在不同用户的个人商城页面中，搜索引擎将会以定制的方式呈现，即习惯使用百度搜索的用户可以把百度搜索框定制在自己的商城中，而喜欢 360 搜索的用户则可以把 360 搜索框定制在个人商城中……从而不仅满足了用户的即时搜索需求，而且尊重了用户的搜索习惯。通过与搜索引擎的联通，阿凡达让每一个用户的个人商城都实现了与整个互联网的互联互通，从而体现出了阿凡达全球互联的核心价值——推开“人人电商”之窗，就能看到全世界。

实现全球的互联互通是阿凡达的大梦想，通过搜索引擎的应用，阿凡达首先实现了个人主页与全球联通的目标。它的意义在于打破了电商平台固有的封闭特征，从一个更加开放的角度重新定义了电商模式。

同时它也是阿凡达所追求的全球互联的一种表现，一方面通过引入全球用户实现“人人电商”远景，另一方面通过集成搜索应用来实现全球网站与阿凡达个人电商商城的互联互通。个人商城在其中扮演着信号输出者的角色，从个人商城向全世界网站发送登录请求信号，通过搜索引擎这一桥梁完成个人用户向全网网站进行登录转移的行为。这种跳转虽然让阿凡达损失了一定的点击量，但在提升用户需求满足效率方面却向前迈出了一大步。

我不敢说阿凡达平台的这种应用模型是多么高尚，但至少从用户角度出发，阿凡达在竭力提升用户的使用效率，提升用户的应用体验，帮助用户节省时间、解决问题，同时也在实现着自己全球互联的梦想。

阿凡达所构建的是一个理想化的电商体系，它就像一幢大楼，在平台上的每一个用户商城都是其中的一个房间。当用户推开房间的窗子时，不仅能够看到全世界的样子，而且能够到达自己想去的任何地方，这就是世界互联的盛景。而阿凡达所做的就是在建好大楼的同时为每一个房间配上窗子而已。

8.2　问题解答，社交重现

除了提供搜索应用的集成外，阿凡达平台上还存在着更多的应用功能，问题解答与社交应用就是其中的两个。前者是为了解决用户的疑问，后者则是为了满足用户的交往需求。

8.2.1　问题解答，公众服务

在阿凡达平台的每个商城里都有一个问题解答的公众号，它以二维码的形式出现在网站上，用户只需要用手机扫码就可以进入阿凡达专门设立的问题解答系统，如图 8-2 所示。

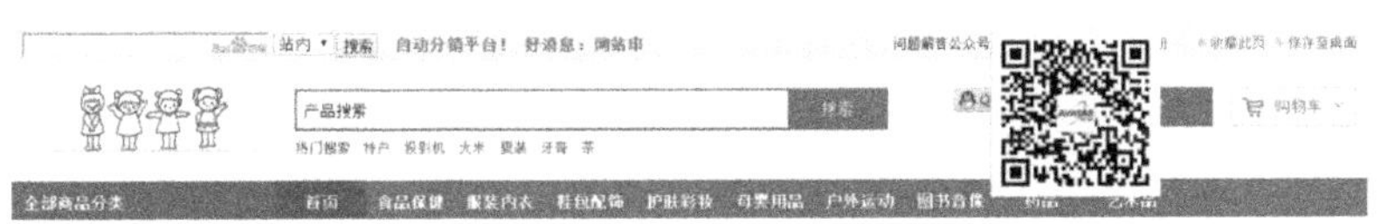

图 8-2　阿凡达商城“问题解答公众号”图例

在这个问题解答的百科服务系统里，阿凡达的客服人员 24 小时在线，以直接沟通的方式帮助用户解决疑问。

这个问题解答的集成功能与商城网页上的客服功能不同，客服功能是为了解决用户对商品、交易、物流等问题所设置的咨询功能，它的服务主体是交易的售卖方，由售卖方的客服人员负责。而问题解答公众号的服务主体则是阿凡达平台本身，它所提供的服务是解答客户提出的所有关于电商平台的问题。

用“公众服务”来形容这个功能可能更为恰当，用户所有关于电商平台的疑问都能得到相应回复，并且阿凡达的这一服务是即时性的，它能够在用户提问后的一段时间内就做出即时响应。

阿凡达针对集成这个功能同样是从用户需求的角度出发，并且带有显著的电商功能拓展目的。首先，阿凡达发现用户的疑问会随时随地出现，并不能提前进行预知，这就为满足用户需求制造了相当的难度，问题解答公众号可以解决即时性的用户需求；其次，鉴于阿凡达平台的创新特点，会生成一些用户从未有过的使用体验，用户为此产生的疑问就需要平台方给予积极回应。

基于上述原因，阿凡达平台在集成功能里放入了问答功能。为此，阿凡达专门组建问题解答服务小组，通过公众号把用户转移至移动客户端，这样不仅避免了让电商平台呈现出功能集合的大杂烩，同时还以更加贴近用户使用习惯的方式来解决用户问题，从而实现了问题解答应用在电商平台上的集成。

8.2.2 网络社交，情景重现

近几年来，网络社交如火如荼，各种新媒体的出现让网络社交成为时下最流行的社交方式。用户的社交习惯已经从面对面的社交转向虚拟社交，微信、QQ、微博等社交平台的风靡就是最好的佐证。

电商作为一个交易属性的网络应用，具有显著的社交特征。网络社交基于互动实现，而在电商交易的整个过程中，买家与卖家之间的互动不可避免，同时买家与买家之间也存在着强烈的互动需求。除此之外，阿凡达平台的用户特征更加剧了互动需求的产生，阿凡达的用户都是基于裂变产生的，这就决定了裂变用户之间已经存在着一定的联系，并非是陌生人，这就使阿凡达平台上的用户之间的交往需求更为强烈。

基于上述特征，阿凡达根据社交媒体特征在电商平台上加入了社交元素来满足用户日益增长的网络社交需求。其中最重要的一个表现就是在个人商城的定制化方面，前文已经提到过，阿凡达的用户能够根据自己的喜好来对个人商城进行定制设计，其中包含博客、微博形式。这种定制化的功能让用户可以把自己的商城打造成为博客、微博等社交媒体类型，从而满足自我的网络社交需求。除此之外，阿凡达平台系统还专门在用户后台提供了博客管理功能，如图 8-3 所示。

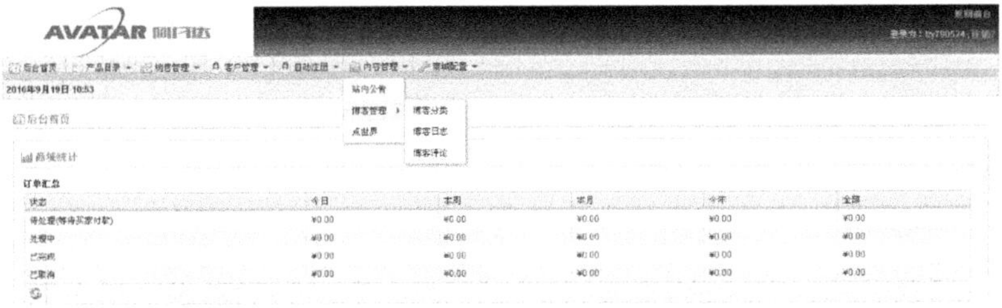

图 8-3 阿凡达用户后台博客管理图例

博客管理功能包含博客分类、博客日志与博客评论等 3 个子功能。其中博客分类的作用在于为自己撰写的博客文章进行归类。

用户可以在图 8-4 的博客分类界面中添加新的分类，并选择分类等级以及显示顺序，来规划博客中内容的展示方式。

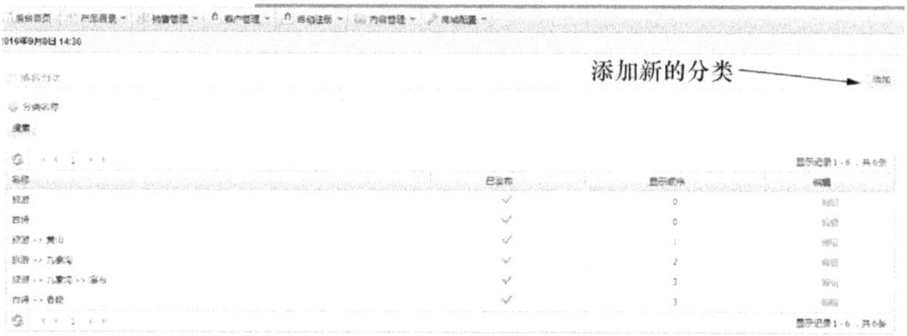

添加新的分类

图 8-4　阿凡达用户后台博客分类图例

在博客日志功能里，用户可以添加博客内容。阿凡达后台提供了输入标题、上传图片、录入内容等几个必填项，如图 8-5 所示。

图 8-5　阿凡达用户后台添加博客日志图例

博客评论功能使用户可以查看别人对自己的博客做出的评论，是一个具有互动意义的功能，如图 8-6 所示。

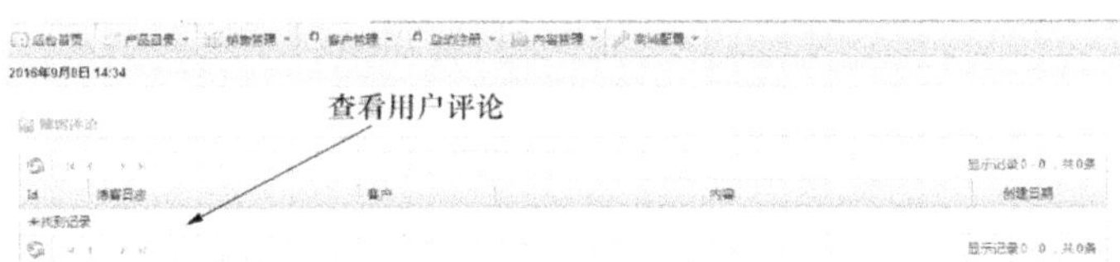

图 8-6　阿凡达用户后台博客评论图例

除了上述的网络社交元素外，用户还可以通过阿凡达平台提供的分享功能与自己的社交媒体甚至更多的大型网络平台进行联通，如图 8-7 所示。

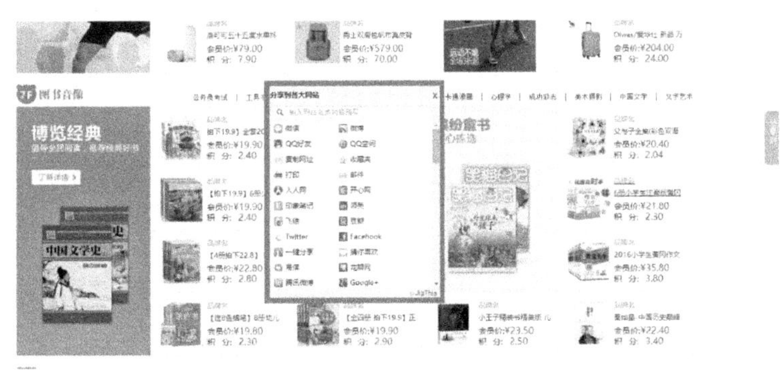

图 8-7　阿凡达个人商城“分享”功能图例

通过“分享”功能，用户不仅能够把阿凡达平台上好玩好看的东西转变为社交话题发布至自己的社交账号，还能够联通更多的网络平台。其实，分享功能在很多网络平台上都有，并不是什么创新的功能，在阿凡达平台上这个功能作为用户社交的辅助性功能让用户具有了展示自我、制造话题的能力。同时从平台的角度来看，作为一个兼具分享含义与互联含义的功能，它展现出阿凡达全球互联、全球分享的理念。

其实，对于一个电商平台来说，它与网络社交的联姻是在未来电商发展的一个重要趋势，甚至在当下就已经表现出明显迹象。例如，淘宝平台就已经成为当下“网红”与粉丝进行社交互动后引导粉丝变现的一个主要渠道；微店也是基于微信衍生而来的电商模式……这其实就是电商与网络社交产生密切关联的一个典型例证。

在未来，电商与社交的结合将会更加紧密，方式也会更为直接。阿凡达在平台上集成的社交功能实际上就是希望通过更为直接的方式把店铺商城的属性社交化，让用户在使用电商平台的同时也使用平台上的社交功能。在未来，阿凡达在社交功能植入方面还会加入更多元素，为用户的私人化商城带来更为浓重的社交属性，通过加强互动的方式让用户把自己的商城打造成具有“网红”标签的社交媒体。

目前，阿凡达平台上所集成的社交功提供给用户的是一个个人媒体的展示属性，它是用户个人商城媒体化的开端。网络社交能够加强用户与用户之间的关联性，也同样是互联互通的重要组成部分，同时网络社交分享作为主要的交往行为也能够体现出阿凡达全球共享的根源理念。综上所述，这才是阿凡达平台集成网络社交功能所要实现的终极目的。

8.3 人人电商客服系统

对于一个电商平台来说，客服系统是不可或缺的功能，它是第三方电商平台向用户提供直接服务的通道。传统的电商平台客服系统包含在线客服与电话客服两部分，在阿凡达平台上也同样如此，它们与商城客服功能一起组成了阿凡达三位一体的客户服务网络。

8.3.1　智能人工接听

阿凡达平台的在线客服系统实际上就是前文提到的“问题解答公众号”，在这里不做赘述。本节我们主要来讲讲阿凡达平台开通的智能人工的区域电话接听服务，这一服务体系通过服务热线电话的方式为解决用户疑问提供保障。

用户只需拨打阿凡达平台上的“智能人工”客户服务热线就能在第一时间与阿凡达设立的呼叫中心建立联系，从而即时获得阿凡达客服系统的响应。

与其他电商平台客服系统不同的是，阿凡达的“智能人工”功能主要表现在区域化识别上，它所创建的呼叫中心能够根据电话来电号码对用户所在区域进行智能识别，同时把来电信号转接入专门针对用户区域的区域服务商，由用户所在区域的服务团队来为用户提供服务。

这样做的好处：首先，避免了区域化语言所带来的交流障碍，让用户与服务者能够顺畅交流；其次，区域化客服了解区域内的情况，能够因地制宜地为用户提供具有建设性的建议；最后，当遇到电话无法解决的问题时，区域内客服可以根据用户要求实施线下客户服务，让客服变得更加立体化。

除了上述优势外，阿凡达的智能识别系统还具有用户信息记录功能，把所有用户的咨询信息记入系统数据库，从而收集用户问题并经过智能化处理，把问题与解决方法进行归类整理，方便客服人员随时调取，在今后出现类似问题时能够快速应答。

阿凡达呼叫中心的层级划分非常明确，在主呼叫中心下属按区域进行划分为若干区域呼叫中心，在区域呼叫中心下属又分为以市、区为单位的呼叫站，从而形成了一个以主站为首向下发散的客户服务网络。这是一个非常复杂的服务网，阿凡达在内部信息传递与服务结果反馈方面建立了相应的应对机制，使整个服务网络能够健康迅速地运转，从而满足用户的各种疑问需求。

8.3.2 点对点客户服务窗

通过阿凡达建立的客户服务体系我们能够看到，实际上阿凡达在试图做到客户服务的最高等级，那就是点对点客户服务。“点对点”的含义在于**对每一个服务需求方都由固定的服务提供者进行专门的需求响应与处理，直到最终完成服务**。这实际上是非常困难的，尤其是在服务区域非常大的情况下。点对点是一个理想化的服务形态，为了尽可能做到这一点，阿凡达所采用的方式是通过客服体系区域化划分把服务人员首先固定在某个尽可能小的区域内，当该区域需要服务响应时能够在第一时间打开“点对点服务窗”，从而满足用户的服务需求。

阿凡达对服务区域的设置是基于全球化而来的，因此服务地域非常广大，区域构成也非常复杂。以中国为例，阿凡达的服务区域划分首先是省级客服中心，然后在省级客服中心下再设立市级以及区级客服机构，以此来缩小服务区域，使客户服务具有区域针对性。

仅仅做到区域划分还不能满足点对点服务的要求，它还需要服务者具有专业的服务水平，熟悉区域服务特点。因此，阿凡达在客服人员的选择上要求严格，必须经过专业培训才能上岗，这就保证了点对点服务的质量。

在阿凡达的服务体系内，呼叫中心与服务中心职能不同，呼叫中心负责收集客服人员服务信息并按照不同的区域派发相应的服务任务，而服务中心则负责接收服务任务并做出即时相应；在服务任务完成后还要负责服务效果评估与信息归档。上述就是阿凡达创立的“点对点客户服务窗”运行的基本模式。

通过“问题解答公众号”与智能人工区域电话接听服务，阿凡达平台完善了客户服务体系，建立起即时响应的客户服务机制，它们与商城客服一起组建成三位一体的阿凡达服务网络，能充分满足用户对平台服务的各种即时性需求。点对点服务的特性也保证了平台能够承载用户的多样性服务需求，为提升用户满意度保驾护航。

8.4　通过身份认证搭建信用体系

从前文我们能够发现阿凡达“人人电商”的一大特征，那就是对个人信用非常重视。阿凡达平台在未来将是一个世界性的平台，在这个平台上完全杜绝各种负面的交易行为，因此对于平台而言，想要做到这一点，建设用户信用体系就格外重要，因此身份认证就成为阿凡达电商集成功能的一个重要组成部分。除此之外，集成系统登录、支付系统搭建以及物流系统建设也都是商城扩展的重要集成功能。

8.4.1 国家安全级别的系统身份认证

身份认证在互联网应用领域里已经存在了很久，它也被称为“身份验证”或“身份鉴别”，是指在计算机及计算机网络系统中确认操作者身份的过程，从而确定该用户是否具有对某种资源的访问和使用权限，进而使计算机和网络系统的访问策略能够可靠、有效地执行，防止攻击者假冒合法用户获得资源的访问权限，保证系统和数据的安全，以及授权访问者的合法利益。

我们都知道，在网络世界中的一切信息包括用户的身份信息都是用一组特定的数据来表示，而计算机只能识别用户的数字身份而并不能识别用户的物理身份，计算机对所有用户的授权也是针对用户数字身份的授权。那么，如何保证以数字身份进行操作的用户就是这个数字身份合法的拥有者？如何保证用户的物理身份与数字身份能够匹配？那就只有通过身份认证的方式。

与传统电商的用户身份认证程序不同，阿凡达有一套专门对接国家真实认证系统的身份实名认证体系，从权威性上要超过其他电商平台。

阿凡达对用户身份的检验采用的是身份证实名认证方式，它对接国家公安部真实认证系统，把公安部的身份证认证系统接口集成在了平台上，能够准确无误地识别每一个用户的身份信息，从而提升了平台的整体诚信指数。

在阿凡达的“人人电商”平台中，虚假的身份信息一旦被验证出来，平台将会对虚假信息进行全网的同步曝光。这样的做法配合国家级别的身份认证系统，让平台上的交易安全得以保证，让每一次交易都能够在双方毫无顾虑的前提下进行。

阿凡达致力于对诚信体系的搭建，在前文我们就曾介绍过阿凡达平台对电商售假、信用作假行为的杜绝方法，设置这些交易环节是对平台整体诚信体系的维护行为。在阿凡达的理念中，电商平台能够长久发展下去的最大依仗就是“诚信”，没有诚信在背后支撑，平台上的交易将无法正常进行，平台的可信度会降低。对于电子商务的模式而言，它所具有的远程性、记录的可更改性、主体的复杂性等特征决定了网络交易的信用问题将始终对用户造成困扰。现实往往是一旦交易的一方发生信用问题，交易就会成为泡影，甚至导致另一方上当受骗。尤为严重的是一些不法之徒通过电子商务平台进行诈骗。这一系列问题都使第三方电商平台对诚信体系的建设迫在眉睫。

阿凡达意识到建立完善的电子商务信用体系，必须依靠高科技手段，必须不断加强安全认证技术的开发和应用，这显然是第三方电商平台所无法独自完成的。正因如此，阿凡达所采用的方式就是“集成”。

阿凡达通过合作的方式把国家公安部的真实身份认证系统接入平台，既省去了自身开发的复杂过程，同时又为身份认证体系带来了最高的权威性，使平台上的所有用户都具有明确的身份标记，保证了平台上电商活动的信用度，如图 8-8 所示。

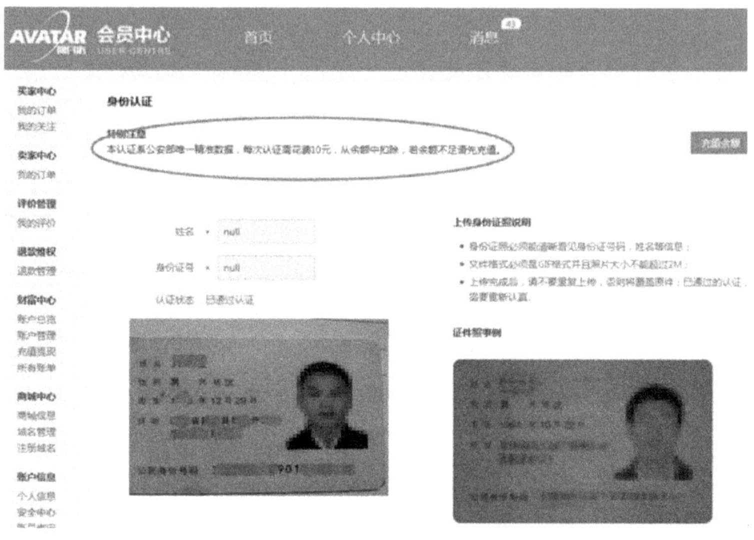

图 8-8　阿凡达身份认证系统图例

8.4.2　八大系统联合登录

除了身份认证系统的集成外，在阿凡达平台的集成功能里还包含八大系统联合登录功能。这八大系统包括 QQ、微信、淘宝、支付宝、新浪微博、百度、人人网和 360，如图 8-9 所示。

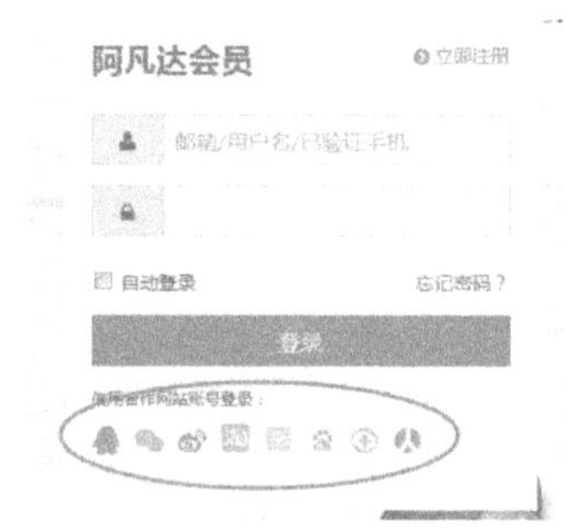

图 8-9　阿凡达平台八大系统联合登录图例

八大系统联合登录功能其实是一个共享用户的功能，它通过一个用户常用的互联网应用账号登录阿凡达平台。阿凡达集成第三方登录功能的目的有两个，**其一是让用户能够更方便地登录阿凡达平台，其二是实现用户共享**。

对于身处互联网世界的用户而言，利用常用的社交账号或者平台账号来完成第三方平台登录已经成为大多数用户的使用习惯，它的好处在于节省了用户的登录时间，减少了登录步骤，让用户能够简便快捷地实现登录目的。因此，阿凡达在账号登录环节集成了八大第三方平台，这些平台都是用户经常使用的网络应用平台，包含社交平台、电商平台以及支付平台等，如图 8-10 所示。这些平台尽可能地涵盖了互联网上的大部分用户，因此对阿凡达平台而言，其登录的便捷性得到了最大的保障。

账号绑定

绑定QQ账号	已绑定	解绑
绑定新浪账号	已绑定	解绑
淘宝账号	已绑定	解绑
绑定支付宝账号	已绑定	解绑
绑定微信账号	未绑定	绑定
百度账号	已绑定	解绑
360账号	已绑定	解绑
人人账号	已绑定	解绑

图 8-10　阿凡达商城绑定第三方账号图例

从用户共享的角度来看，“第三方登录”这一集成功能实际上是把八大平台上的注册用户与阿凡达平台进行共享。在阿凡达商城的用户端有一个第三方账号绑定功能，阿凡达的平台用户可以绑定自己的八大系统账号，方便登录。那么当一个用户通过某个第三方账号登录后，实际上是再附加了一个第三方授权的登录功能，它不仅可以直接应用两套登录规则，而且最重要的是把第三方用户的信息绑定到了已经存在的该用户的信息库中，进一步完善了用户信息。这是阿凡达用户共享的方式。

通过引入八大系统的第三方账号登录功能，在方便用户登录的同时，阿凡达平台还能够与八大系统共享用户。从中阿凡达能够了解用户的登录习惯甚至用户喜好，把它们作为用户行为分析的参考，从而在未来平台升级的过程里更好地针对用户需求进行改进。

8.4.3 面向全球的支付系统

电商平台的交易模式让网络支付成为交易流程中最重要的组成部分。一般情况下，电商平台的支付系统都是与第三方支付平台进行对接，阿凡达平台上由于面向的是全球化的用户，因此在支付系统的设计上必然要适应全球用户的支付需求。

有鉴于此，阿凡达搭建的网络支付体系分为两个部分，其中包括适应中国用户的支付系统以及适应国外用户的支付系统，每一个系统又同时包含充值、提现、实时转账等功能。

在适应中国用户的支付系统里，阿凡达引入了包含微信支付、支付宝、京东支付、财付通、网银在线、快钱支付在内的多重支付系统，账号绑定对象包含支付宝、微信、银行账号以及财务通等，可以说已经形成了一套完善的支付系统。

在适应国外用户的支付系统里，阿凡达通过合作的方式，陆续与海外知名的电子支付系统实现了对接，通过货币转换的方式来实现海外跨境支付。支付一旦跨越了国家就会出现不同货币之间的兑换问题，在阿凡达的系统中，有一个实时的各国货币转换系统，当交易发生在不同国家的用户之间时，阿凡达的支付系统将直接读取两国货币的兑换率数据库，从而即时在账户中完成货币兑换，保证了交易支付不会受到不同货币种类的影响。

就支付环节来看，跨境支付一直都是互联网技术实现的难点，一方面因为不同货币之间兑换率的波动是实时的；另一方面因为跨境支付合作的难度更大，需要对合作方进行深入了解。阿凡达为此专门建立了跨境支付体系的维护团队，打造新的海外支付体系。

8.4.4　物流保障体系

阿凡达商城的集成功能还包括一个物流的保障体系。除了用户商城自带的物流系统之外，阿凡达平台还为用户提供了多样的配送方式，适合更多地区的配送服务，圆通、申通、韵达、顺丰、国通、天天、快递、德邦、邮政 EMS 特快专递等都与阿凡达平台建立了合作关系。

阿凡达建立平台自身的物流体系一方面是为了让用户方便使用，另一方面则是为了开发新的盈利模式，如代送模式与选购模式。代送模式专门为商品销售者服务，是一个由阿凡达负责快递代送商品的物流模式，让我们来看下面的案例。

一位新疆的卖家主营新疆红枣产品，这款产品在北京地区的某月销售量是5吨，那么新疆的卖家根据这个销售量判断下个月这个红枣产品的销售量也差不多能达到5吨左右。

根据这个判断，新疆的卖家就可以提前把5吨红枣一次性发送到阿凡达位于北京的物流中心，交由阿凡达北京分公司的物流体系来负责北京区域的销售配送。也就是说，新疆卖家先把下个月可能销售的所有5吨红枣一起发送给阿凡达北京分公司，然后当在北京区域产生销售时，阿凡达的北京分公司就负责给客户派送商品。

这就是阿凡达的物流代送模式。它主要有两点优势：一是商家的区域物流发货均由阿凡达物流体系承接，无需商家再进行每一单商品发货的处理，节省了商家的时间成本和人力成本；二是大量节省了商家的物流发货费用。在上面的案例中，如果每一单红枣都由新疆的卖家发货，那么发两斤红枣就需要大概 15 元。而如果一次性发把 5 吨红枣发到北京，平均每斤的运费只要几角钱。然后北京分公司使用自己的物流体系帮助商家发货，这就属于同城发货，那么同城快递每一单仅仅需要 3 ～ 4 元，这样新疆的商家每卖出一单红枣在物流上至少就能够节省 8 ～ 10 元。

阿凡达物流的另一个盈利模式是选购。在未来，快递员送货时不仅仅送用户购买的那件商品，还会搭配相同款式、不同颜色的同类商品，或者该商品相应的配件。例如，一个用户购买了一件西装后，阿凡达在快递送货时会再给用户带来几双皮鞋、衬衫、领带等搭配商品供用户挑选；当用户购买口红后，快递员会给用户把护肤品也搭配好送去，由用户自行挑选，这就是选购模式。用户每一次购买的不仅仅是一件商品，如果用户喜欢，就会挑选更多的相关商品，选购模式正是为了适应用户的这种连带关联消费习惯。

上述这些来自阿凡达自身物流体系的盈利模式是阿凡达平台的另一个创新之处，它们的出发点是为平台用户提供更好更全面的服务。阿凡达的物流保障体系网以遍布在各个区域内的阿凡达服务点为依托，接受阿凡达物流中心的统一管理，能够实时响应用户需求，做到即时派送，最大程度地节省用户的时间。

本章我们介绍了阿凡达“人人电商”平台的一些主要的集成功能，这些集成功能的加入让阿凡达平台成为一个功能化的电商载体。它不仅仅实现用户的网络购物与网络商品销售诉求，更可以满足用户社交、信息搜索等多方面的需求。阿凡达电商的思路颠覆了传统电商的伦理思维理论，以一个更为开放的意识形态来驾驭大平台，这种顶层设计使得电商平台不再局限于交易本身，能够为用户提供更多人性化的智能服务。从这一点来说，它体现出了阿凡达电商运营的一些革新性思路。

第 9 章
全球互联的“合”时代

互联网经过几十年的发展，从局域网已经发展成为一个世界性、公共性的网络体系。回望互联网的发展历程，我们能够看到互联网是如何从研究院一步步走向世界的，它的发展印证了其本质，那就是无障碍的联通。

从这个角度来看，我们说在未来互联网会进入一个“合”时代，在这里“合”的含义包含以下几点：

首先是联合。互联网将把全世界所有国家、所有人都联合在一起，成为一道人类社会隐性的纽带。

其次是综合。互联网将把世界上所有的信息、内容、技术乃至货币等综合汇聚于一身，成为一个庞大的信息库，在这个信息库里没有什么秘密可言，每个人都能够从这里得到自己所需要的东西。

再次是融合。不同地域、不同种族、不同阶层、不同年龄、不同文化所带来的所有差异都会在互联网上得到融合，从而形成一种被广泛接受的新文化、新模式，诞生出一个能够承载万物的互联网社会。

最后是合作。当隔膜被消除，壁垒被打破，人类社会将会迎来一个从未有过的以合作为基础的黄金时代。

这就是在未来互联网带给我们的“合”时代。

9.1 互联网世界里的阿凡达

说到阿凡达，我们首先都会想到它是一部电影的名字。在电影的世界里它是一个种族、一种信仰，也是一个新的世界。那么，在互联网的世界里阿凡达是否具有电影中那种神奇的力量呢？

9.1.1 来自互联网的阿凡达

阿凡达公司的诞生要远远早于那部脍炙人口的电影，电影为我们带来的是一个童话般的梦想，而在互联网的世界里，阿凡达公司正在创造的也同样是一个全球互联互通的大互联网梦想。

阿凡达是一家拥有独立知识产权，专业从事全球互联网新兴技术研发、电力安全技术研发、全球矿业开采及全球矿产品进出口国际贸易、阿凡达电子商务、全球高新技术及产品代理销售等全方位运作于一体的新一代智能化高新科技投资集团公司。集团的主营项目涵盖全球互联网新兴技术研发及应用、项目自筹互联网方案提供、电源短路安全保护全球独家营运、全球高新产品代理销售、全球矿业开采及矿产品进出口销售、生命工程健康产业投资与平台营运、阿凡达影视及游戏投资、新型能源及动力技术开发、全球网络安全研究院、电力安全研究院等多个领域。

阿凡达对未来的发展理念如图 9-1 所示，其中，它更为看重的是未来互联网的发展形态。阿凡达所有的发展目标都是瞄准未来，并通过前瞻的思维对未来发展进行判断。

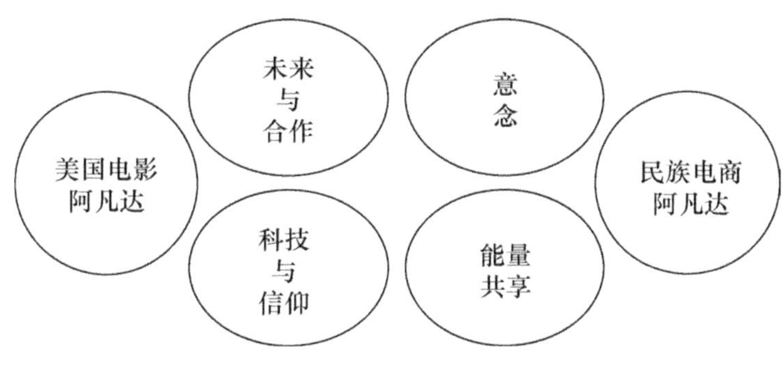

图 9-1　阿凡达理念展示图例

阿凡达认为，在未来，意念将成为一个显著的发展趋势。尽管意念是一个看不到的东西，但它的速度能够超越任何事物。在阿凡达的眼中，互联网时代已经过去，当下是一个裂变的时代，谁变得快谁就能够获得成功。并且在未来人类将迎来一个意念的时代，因为任何东西的速度都没有思维快。世界上最快的速度不是光、不是电，而是思维、意念，因此在未来，互联网发展的趋势将向意念时代迈进。

阿凡达的未来发展理念还包含科技与信仰。科技与信仰看上去并没有关联，然而实际上，在科技展现的力量背后是由信仰所支撑的。信仰带来的是一个基于信念的思想体系，它对于科技的突破能够起到重要的作用。试想当科技发展到一定程度遭遇瓶颈的时候，如果没有信仰的支撑，那么它的创造性灵魂将会缺失，将无法引领人们迈向新的一页。

能量共享同样是阿凡达未来发展理念中重要的一环。在阿凡达的整个体系中，共享是一种“大爱”的呈现，它体现出的是没有纷争、人人平等的世界。阿凡达的电商体系就是基于共享而生成，同样也因为共享而获益。阿凡达所创造出的全球新型的互联网共享平台，以电子商务为起点引导用户走入信息消费的大时代，通过优化经济结构，依托互联网来促进信息消费，帮助中小企业和中小网站走向世界，深层次解决社会矛盾，推动人类文明的发展。

9.1.2 阿凡达核心理念——兼容

阿凡达的核心理念是兼容，从整个体系上消除所有的缝隙与空缺，让所有应用与模式都能够在同一个平台上共融共生。想要实现这一理念，首先要解决的是共存问题，只有首先满足了共存条件，才是实现融合与兼容的基础。

共存的实现要依赖于共享，这就是阿凡达共享理念的来源。只有获得了共享的权利，才能够把共享成果汇聚于一身，从而实现不同信息、不同应用、不同功能的共融共生同享并存。在前文我们对阿凡达电商平台的介绍一直在强调共享的概念，通过共享，阿凡达把信息、商城与功能无条件地给予用户，让用户获取共享后的成果，并运用这些共享信息建立自己的电商业务，从而获得收益。

正是由于共享的存在，阿凡达的电商模式得以运转，同时也让全球化的所有用户、商品供应商能够在这个平台上和谐共存。拥有了用户资源与商品资源，阿凡达的平台价值就已经得到了初步体现，因此，更多的应用集成在共享层面就降低了难度。于是我们看到，很多与电商相互关联的应用被植入阿凡达平台，平台为用户提供的服务种类变得更多更细化，同时这些应用也在阿凡达平台上实现了共存共生。

最终，阿凡达需要对整个大平台进行设计，无论是从模式上还是技术上使这些共存的应用融会贯通，最终实现兼容。阿凡达的平台就好比一个电脑主板，而不同的应用就好比声卡、显卡、内存条，它们一起插在主板上是否能够最大化地发挥自身作用，让电脑运行的流畅，让用户使用得方便，就要看它们是否能够与主板兼容。这就要求在主板的设计上必须契合这些应用的特点，能够与这些应用的正常运营条件匹配得上。这就是阿凡达电商平台在未来需要做的事情。

从集成与兼容的角度来看，阿凡达电商平台所倡导的新电商模式带有显著的创新气息，它可以被看成未来互联网的电商发展浪潮的先驱者、开拓者，代表未来电商发展的趋势。

9.1.3　阿凡达的商业布局

阿凡达集团的业务涉及领域非常多样化，主要包含电子商务、电力安全与文化等。尽管领域有所不同，但从中我们还是能够看到不同业务领域、业务形式所产生的相互关联，这个关联点就是互联网。

第一，阿凡达拥有一个全球性质的网络研究院，它负责研发网络安全相关产品，在网络安全领域要做到“心中无鬼，天下无贼”。

在阿凡达的理念中，安全的最高境界是不需要设置门槛。这是因为以往的经验已经证明，为了安全而去设了一个门槛后，道高一尺魔高一丈，总会有人有能力去破解你的防护，越过你设置的门槛。因此，阿凡达的网络安全理念就是基于前文所述的时空保险箱理论而来，通过共享来实现安全的最高境界。这个网络安全应用已经在阿凡达的电商平台上得以实施，任何黑客到阿凡达的电商网站上都会无所作为，他盗取的钱是他自己的，他打破了用户的玻璃其实就是打破了自己家的玻璃。就像管理的最高境界就是不管理而让体系自动运行一样，阿凡达对于网络安全的诠释就是没有安全的概念。

第二，阿凡达所扮演的另一个角色是全球自动销售提供商。基于互联共赢的理念，阿凡达的几大平台都实现了全球自动销售功能，其中包括全球跨境销售。它帮助中国的产品以及中小企业和网站一起走向世界，同时也把全世界的企业和中小网站也带入中国，从而实现真正的互联共赢。

第三，在技术层面，阿凡达所倡导的是新兴技术。阿凡达已经在整个互联网领域里拥有了几十个专利技术，其中就包括裂变技术。阿凡达独一无二的裂变技术已经受到知识产权保护，任何人不得复制，也无法复制。

第四，电力安全领域也是阿凡达服务布局中的一个重点。随着 5G 网络即将到来，阿凡达创新地在电力网络中植入无线网络信号。未来有电的地方就有阿凡达的信号，全世界都能免费使用。有信号的地方阿凡达的网站就可以自动登录，这就形成了一个电力与互联网交错联通的大互联形态，确保阿凡达平台在互联网世界里的长久性和安全性。

第五，在社区服务领域阿凡达同样进行了布局。阿凡达的社区服务是为了电商平台而建设的一个基础工程。阿凡达的电商平台根据全球化特征进行了细致的区域化划分，以中国为例，区域化的层级从省级延伸到市区级，而在海外则是以国家为区域的最高级别进行划分。

社区作为一个最常见的、最小的区域标志是阿凡达电商区域化的终点。阿凡达通过社区的服务来激活电商平台，从而实现电商订货至社区、社区派送上门的整条服务链。并且阿凡达所提供的社区服务有一个前提条件：免费。无偿的社区服务体现了阿凡达为用户创造幸福的服务宗旨。

在文化领域，阿凡达的业务涉及影视。阿凡达打造的影视平台与电商平台类似，把全世界影视界所有的导演、演员、资本都引入这个平台，从而形成多条并行产业链。同时阿凡达还致力于把中国的汉字推向世界，让全世界未来只需要学好两种语言：一种是母语，一种是汉语。这是阿凡达在文化领域的目标。

纵观阿凡达的商业布局，尽管业务涉及不同的商业领域，但其中一条隐性的连接线就是互联网。阿凡达的所有业务都是围绕着互联网而形成的，这就奠定了阿凡达互联网型企业的特征，这也就成为阿凡达重新定义互联网的力量源泉。

9.2　中国网络信息化推进

阿凡达公司生长在中国这片土地上，因此它具有显著的中国式基因，它的生存土壤是中国互联网的领域，因此中国网络的发展对阿凡达的影响最为直接。

“没有网络安全就没有国家安全，没有信息化就没有现代化”是习近平主席曾经说过的一句话，这句话展现出国家领导人对中国网络信息化发展的重视。从中国目前的网民人数和网民结构，以及网络在中国政治、经济、社会、文化生活中的地位来看，中国已经与很多发达国家同步进入了一个网络化时代。这个新时代的来临，意味着中国正在经历与从农业社会向工业社会转变一样的巨变，即由工业社会向信息社会的转变。这种转变是全方位的，涉及政治、经济、社会、文化、军事、科技等领域，是极为深刻的。处理和解决中国今天所面临的许多政治、经济、社会问题，需要许多的新思想、新机制、新做法，所有这些，都离不开对国家民族命运、重要的时代变迁的认识和把握。可以预期，至少在未来的 50 年内，信息与通信技术将仍然在人类文明的发展和进步中扮演主要角色。信息化仍然是这个新世纪的主要时代特征，仍然是全球范围内推动经济和社会变革的主要力量，仍然是国家竞争力的战略重点和制高点。

9.2.1 中国网络信息化概况

既然信息化是 21 世纪全球经济发展和社会发展的趋势，那么在中国这片广大的土地上，网络信息化的发展情况又如何呢？

中国的网络信息化的主要内容包括通过对信息技术的应用改造和对传统产业的升级转型，推进政务信息化、社会事业信息化，积极发展电子商务，促进信息服务业的发展；通过对信息资源的开发与利用来满足社会对信息资源的需求，从而实现信息资源的高度共享；建设能够满足信息传输、交换和共享的信息网络；大力发展信息产业；培养信息人才……

经过了几十年的努力，中国的网络信息化建设取得了很大的进展。新的信息技术不断得到应用，信息基础设施和服务水平提升迅速，信息产业持续快速增长，信息网络规模已跃居世界首位。同时中国在信息立法、标准、培训等基础工作方面也不断前进，建立了信息化工作的组织协调机制和专家决策咨询制度。国民经济信息化和社会信息化的推进，对改造传统产业、加快结构调整、促进社会生产力发展发挥着越来越重要的作用。

2016 年互联网络发展状况分析：中国网民规模达 7.10 亿，互联网普及率为 51.7%，半数中国人已接入互联网。网民的上网设备正在向手机端集中，手机成为拉动网民规模增长的主要因素。我国手机网民规模达 6.56 亿，有 92.5% 的网民通过手机上网。只使用手机上网的网民达到 1.73 亿人，占整体网民规模的 24.5%。随着政府和企业大力开展“智慧城市”与“无线城市”建设，公共区域无线网络迅速普及，手机、平板电脑、智能电视带动家庭无线网络使用，网民通过 Wi-Fi 无线网络接入互联网的比例高达 91.8%。

2016 年中国企业的计算机使用、互联网使用已基本实现全面普及，比例分别达 99.0% 和 95.6%，相比 2015 年分别上升 3.8、6.6 个百分点。中国企业互联网办公的使用比例首次突破 90%，且与计算机使用比例间的差距缩小至有统计数据以来的历史最低。截至 2016 年 12 月，中国网站数量为 482 万个，年增长 14.1%。同时，中国网页数量为 2360 亿个，年增长 11.2%。

截至 2016 年 12 月，中国国际出口带宽为 6,640,291 Mbps，半年增长 23.1%，标志着中国国际通信网络能力的显著提升。

上述这些数据表明了中国全民信息化建设正在加速推进，已经取得了较大的成果。与此同时，也证明了人类信息化未来的发展空间无限辽阔。

9.2.2 信息化发展战略

以大数据、云计算和互联网为代表的第三次科技革命浪潮席卷全球，标志着“互联网Σ”时代已经到来，对既有的世界格局产生了巨大的影响。“互联网Σ”是两化融合（信息化和工业化高层次深度结合）的升级版，不仅是工业化，而是将互联网作为当前信息化发展的核心特征提取出来，并与工业、商业、金融业等服务业全面融合。这种融合不是简单的叠加，不是一加一等于二，而是一加一大于二。其中的关键就是创新。只有创新才真正有价值、有意义。以“互联网Σ”为主线，将“国家的创新驱动的转型”“一带一路”“中国制造 2025”“大众创业万众创新”“众创空间”等连接在一起，推动产业创新，已经成为中国国家的战略行动计划。

在未来，中国的信息化发展一定会实现全民智能信息化的目标。所谓全民智能信息化即合法公民（包括自然人和企业）都能畅通无阻地获得自己所需要的信息，同时也能将自己的相关信息发布出去，做到公平、公正、高效、合理地使用信息，推动人类社会政治、经济、文化等各领域的发展。拥有一个开放、互通、安全和可靠的网络体系是实现全民智能信息化的基础工程。

阿凡达的智能化信息平台采用独特的互联网裂变共享技术，能够快速裂变出大量新的独立网站作为信息交换端口免费给每个用户使用。这一互联网智能信息系统的独特性在于所有网站之间互联互通，信息共享，打破了传统网站之间的信息壁垒。

阿凡达致力于将线下与线上进行融合，让“互联网Σ”时代人人有网站，人人有商城。企业也是如此，每个企业在自己商城上投放的产品将自动在所有人的个人网站上显示，产品直达用户，无需中间环节。阿凡达新型互联网“裂变共享”技术能够实现连接并同步共享信息至全球，覆盖不同层面、不同行业、不同经历、不同期待、不同国家、不同语言的人，能够帮助每一个个体进行创新、创业与成长，是一个包容大众创业、万众创新的模式。

在阿凡达全民智能信息化的发展规划中共分为 4 个阶段：第一阶段是基础建设普及网站，实现人人有网站、家家有商城；第二阶段是企业电商化普及阶段，通过网上交易来主导市场；第三阶段是实现各行各业高度信息化直至智能化的阶段；第四阶段则是通过信息智能传递实现意念化的阶段。

在社区信息化的层面，阿凡达在独特裂变共享技术支持下建设的“社区 O2O 便民服务站”，实现了互联网思维下的社区服务模式，也是国家全民信息化工程的组成部分。社区 O2O 的核心是以社区生活场景为中心，构建用户与商家、上门服务提供者之间连接的平台。社区 O2O 便民服务站以社区为大本营，本着“便民、利民、为民”的宗旨，秉承“以人为本、服务社区”的理念，以整合线上到线下资源及社区周边服务信息为切入点，搭配物业管理、家政等社区增值服务模式，目的在于解决社区生活问题，为满足居民日常综合事务提供便利。

阿凡达社区O2O便民服务站有三大特征：第一是省事，步行5～10分钟便可到达，电子商务送货上门，退换货、货到付款、验货付款的特点具有传统超市的购买特征；第二是省钱，厂商、农产品直接面向社区用户，价格更低；第三是省心，为社区居民提供全方位服务，如生活缴费、快递收寄、电商购物、产品体验、学习培训、健康养老等，还有更多延伸服务，如信息中介、公益活动、安全监护、运程控制等服务。

综上所述，我们可以看到阿凡达在中国信息化推进道路上深谙国家信息化发展战略，扮演着一个积极推动者的角色。

9.3 三商合一

信息化的高速发展所带来的是共享与融合，这就是全球互联“合”时代特征的重要表现。阿凡达认为把传统的线下交易融入信息化商业体系，实现“三商合一”将是中国信息化发展带给商业的一次变革与转型。“三商”即物商、电商与云商，其中电商与云商都是典型的信息化产物，而物商则指的是传统商贸形式。“三商合一”在未来将成为企业与国家信息化接轨的重要连接点，它也是未来企业经营发展的新方向。

9.3.1　三商的汇聚关系

物商、电商与云商分别代表着一个逐级递增的商业模式。企业从最早的物商阶段到电商阶段经历了互联网的初始发展黄金期，在这个时期，网民数量由少变多，对互联网的接受程度也逐步加深。电商正是在这一时期兴起并逐渐成为人们所依赖的新商业模式。

从电商兴起直到成为大众的购买习惯，经历了仅仅不到 20 年时间，然而它对传统物商的冲击却是颠覆性的。很多企业都深有体会，当线上的电商呈现出一派如火如荼景象的时候，线下的传统物商模式遭受到了前所未有的冲击。然而有一点是不容怀疑的，那就是无论电商发展得如何好、如何快，物商的模式都不会消失，它已经深入商业的骨髓，融入了商业的细胞。

近几年来，随着互联网的发展，超越电商的新商业模型已经初见端倪，那就是云商。百度百科中对云商的定义是这样的：云商也称为智慧云商。它是以电商集群的方式，通过供应链有效连接组成“商务云”生态系统，在产品、服务、营销推广等方面实现资源共享。“物”就是线下实体店网络，以众包模式，将行业制造商、销售商、零售商，和提供本土化设计、物流、安装的优质服务商，纳入统一的云制造服务体系，实现真正的社会化服务。云商模式指的是“店商 + 电商 + 零售服务商”相结合的新零售业模式。

云商的概念最早是由苏宁提出的，苏宁总结了电商运营的经验提出了两点结论：第一，电子商务的主力军应该是店商，而不应该是电商，无论店商还是电商，零售盈利的精髓都取决于本地化的经营和服务；第二，电子商务的发展要由零售企业自己主导，而不是由电商服务商主宰，电子商务是实体经济，不是虚拟经济，虚拟经济主导实体经济必然导致泡沫经济。

正是基于上述观点，云商模式被创造了出来，参与电子商务模式的改进与进化。

从物商、电商与云商看似不同的特征与模式里，其实能够找到它们相互关联、相互作用的关系。首先电商依赖物商支持，它是物商在互联网中的商业形态，很多特征都与物商相近；而云商则是电商平台集成后的一个成果，它对物商的依赖性更强，是物商与电商相结合的产物。这样来看，物商、电商与云商之间存在着一种逐级演变、相互作用的复杂关系。

9.3.2　企业电商化与云商化

在未来，企业云商化将是一个类似电商化的过程。从前在互联网刚刚兴起的时候，对于大多数企业来说，互联网是不具备商业吸引力的，当电子商务刚刚出现的时候也仅仅是闲置物品的网上交易而已，企业是不屑于加入的。然而随着互联网技术的创新与新模式的诞生，电商逐渐成为企业不能回避的领域。逐级递增的电商交易规模与用户规模让企业开始重视电商体系的建设，如今电商已经成为企业经营策略中的必要条件，中国的企业已经基本完成了电商化的过程。

从纯物商走到电商，企业经历了不到 20 年的时间。如今云商又出现了，它是否是企业必须面对的又一次转变呢？答案是肯定的。

2015 年 3 月 5 日，李克强总理在政府工作报告中提出：“制订‘互联网 +’行动计划，推动移动互联网、云计算、大数据、物联网等与现代制造业结合，促进电子商务、工业互联网和互联网金融健康发展，引导互联网企业拓展国际市场。”在政府的大力支持下,“互联网 +”正以前所未有的力度助推传统企业转型升级。

在国家助力的这场互联网信息化大战略中，“云”是其中最重要的组成部分之一。在“互联网 +”的实施战略里，云商同样是传统企业转型过程中的主要依靠。它是一个综合性的服务体系，是能够承载企业所有经营活动的大平台。

因此，企业的云商化不仅仅符合国家信息化发展战略，更是企业利用互联网实现价值最大化的途径。如果说十年前的企业电商化是企业打破传统销售瓶颈、拥抱互联网的开端的话，那么在不久的将来，企业的云商化将成为企业打破自身结构、充分享用互联网资源、实现转型、布局全球化商业的开端。

9.3.3　物商、电商、云商的交互创新

云商所创造出的是一个融合物商与电商模式的新商业模型，它的最大公用价值在于共享与融合。其中物商、电商与云商的交互创新将成为未来商业发展的最大特征。

苏宁的云商模式如图 9-2 所示，是以打造连锁店面和电子商务两大开放平台为基础来实现线上线下无缝结合的新模式。为此苏宁云商在内部建立了自身的云商系统，并对商品品类进行了全品类拓展。苏宁新系统的产品包括实体产品、内容产品、服务产品三大类。通过这个系统，在新的云商模式下，苏宁整合了内容产品和服务产品，即面向生产商、批发商和零售商服

务，同时也面向个人、家庭、企业，与平台合作伙伴紧密合作。

图 9-2 苏宁云商图例

云商平台包括连锁店面和电子商务平台两大部分。线下服务店包括苏宁旗舰店、苏宁超级店、苏宁生活广场、苏宁广场；线上分为 PC 电脑端的终端、移动客户端、移动 PAD 客户端、智能电视和自动终端 5 种类型。两大平台几种类型的交互存在构成了苏宁新的开放内容。

同时在产品方面苏宁进行了全品类扩展，不仅包括实体商品，随着业务的拓展，产品还将包括数字应用、音乐、游戏、资讯等虚拟商品。同时苏宁云商平台还将提供包括生活服务、市场服务、金融服务、商旅服务、物流服务、售后服务、数据服务在内的多种类服务。

通过苏宁云商的案例我们可以感受到，在未来物商、电商与云商之间的关系将变得更为紧密，不仅互相依存而且互相影响。从创新的角度来看，三商之间的交互创新将呈现在平台、服务、产品等各个层面。这其中既有物商的实体店与电商的网络平台之间的互通创新，又有传统物商服务在云商平台上的模式创新，更包括媒介终端的创新等。可以说三商的交互创新将成为未来相当长一段时期内互联网云平台下的主旋律，同时也将是中国网络信息化发展不可或缺的组成部分。

9.4　变革世界，接轨未来

互联网最大的特质在于不断地变化，经过了长达几十年的演变它成为了现在的样子，那么在未来互联网将会呈现出什么模样是非常令人期待的。有人把互联网看成变革世界的“怪物”，这一点我非常赞同，纵观互联网的发展轨迹，我们可以看到，从诞生的一刻起，互联网所做的全部都是变革世界，在变革中引领人们走向未来。

9.4.1　人人参与，颠覆壁垒

从阿凡达的视角来看待未来的互联网世界，一个重要的特质就是“人人参与，颠覆壁垒”。互联网是一个大同的世界，宽泛地讲，它是由内容与用户这两者构成的。互联网上所有的应用、信息、功能都属于内容的范畴，而这些内容的使用者与浏览者就是用户。

互联网的发展历程其实就是一个内容不断丰富、用户参与感不断加强的过程。从几十年前互联网仅仅能够提供信息的浏览功能开始，到如今它在社交、商业、娱乐、科技等不同领域的开花结果，让内容已经不仅仅停留在供人观看的层面，而是延伸到深度应用层面。

从用户的角度来看，互联网的核心已经不是单纯的网络，而是满足用户需求的平台。用户在互联网里的身份从几十年前仅仅只作为浏览者到如今逐渐成为参与者、创造者。用户角色的转变表明了互联网发展的趋势——从让尽可能多的用户走进来，到让尽可能多的用户有能力干些什么。

我们认为“人人参与”是未来互联网定义里重要的部分。那些制约用户主动性的网络障碍将一步步被消除，阻隔用户参与到互联网活动中来的那些壁垒将一步步被打破，最终用户将可以随心所欲地参与到互联网的大应用中来，包括社交行为、平台互动、主动发声甚至应用创造、信息共享，都将成为每一个用户的互联网权力。用户可以在无门槛、无障碍的情况下随意使用这种权利。

阿凡达的“人人电商”平台其实就是一个“人人参与”的未来互联网发展理念的缩影，它消除了用户参与电商交易的卖方障碍，让每一个用户都能够自由参与电商活动，并从中获得收益与乐趣，它呈现出的就是一种未来互联网的状态。

9.4.2 人人创造，改变世界

在阿凡达对未来互联网的定义中另一个重要的部分在于“人人创造”的互联网生产模式。它是一个基于用户创造的新互联网生态模型。在阿凡达的理念中，未来互联网中的用户将不再是应用产品的被动接受者，而是变成了一个主动的创造者。

其实当前互联网的一些应用的特征已经出现了“用户创造”的影子，例如，在内容领域，已经出现了很多用户创造内容模式的平台。众筹平台的内容就由用户生成，而 UGC（用户原创内容）

平台，UGC 的概念最早起源于互联网领域，即用户将自己原创的内容通过互联网平台展示或者提供给其他用户。

豆瓣网（图 9-3）创办于 2005 年，在几乎没有任何商业宣传的情况下 10 年内拥有了超过 6000 万的注册用户，获得了巨大的成功，其原因就在于独特的内容生成机制。

在豆瓣网上所有的内容、分类、筛选、排序都由用户自己创造。在豆瓣网，内容形成的起点是主动型的网民提供的自己所读过的书、看过的电影、听过的音乐的清单，相关评论和博客。这些内容提供了很多个基础节点，这些节点之间又因为网站技术系统所提供的相应功能，例如条目、标签或网站推荐而产生各种联系，从而演变成一个由内容组成的庞大网络。

图 9-3　豆瓣网图例

从上面的案例我们看到，在内容创造领域，互联网已经明确了发展方向，那就是“人人创造”的新内容生产模式。在未来，“人人创造”的形式会伴随互联网的发展而出现在越来越多的地方。例如，电商领域。阿凡达的“人人电商”就体现出了“人人创造”的特征：首先，它的所有商品内容都是由用户自己发布；其次，用户的个人商城可以任由用户自己来定义，从版式设计到内容展示都由用户自己完成；最后，用户可以在平台上进行自主创业从而创造出新的工作。阿凡达电商的最大特质就在于让所有用户拥有了相同的创造权利，而不仅仅是部分用户，这种平等的创造权将是未来互联网用户创造的最基础条件。

9.4.3 人人分享，携手共赢

阿凡达对未来互联网的定义是以“人人分享，携手共赢”为核心。在本书的每一个角落，“分享”都是被不断强调的一个词，它是未来互联网的最显著特征，也是互联网从诞生之日起就试图传递的理念。

在过去，分享并不是所有用户的责任，而是那些具有分享能力同时又拥有分享意识的互联网操控者们为其他大多数用户所提供的一种服务，大多数用户一直习惯于被动享受分享的成果。这种状况长期存在与互联网中，最主要的原因就在于，对于大部分用户来说，互联网并没有为他们提供一个适合进行分享的渠道，从而扼杀了他们的分享之心。

阿凡达认为未来的互联网将是一个更加透明而无私的互联网，用户的分享权力将得到大大加强。在这一理念下，阿凡达通过“人人电商”模式实践了全体用户集体共享的新共享应用。通过对用户上传商品的全平台共享、用户对内容修改的全平台共享、商品利润的参与用户分享把共享行为延伸到了电商交易的各个层面，从而创造出了一个有别于传统电商模式的新电商模式。

未来的互联网将是一个倡导“共赢”的地方，而获得共赢的最好方法就是“共享”，让每一个用户都能够参与分享，主动发起共享将是探讨未来互联网发展时的一个主要思路。

9.4.4　用变革接轨未来

互联网从诞生的那一刻就与“变革”紧密相关，在它发展所经历的每一个时期里，“变革”随之出现。从最早的交互技术带给人们惊异的网络交互，到庞大信息量带给用户的震撼；从点对点的网络聊天带来的网络社交雏形，到视频直播带来的真实社交再现；从闲置商品的网络二手市场带来的新鲜交换体验，到机制健全的电子商务带来的便捷购物享受……互联网带给人们的意识行为变革已经被大众接受。

在未来，没有人怀疑互联网带来的变革将会继续下去，用户也将享受到变革带来的种种好处。那么变革将从哪里发生？变革将如何发生？…… 这些问题是互联网从业者们必须考虑的问题，因为只有主宰变革、推动变革才是互联网参与者们获得成功的唯一标志。

对于阿凡达来说，“人人电商”模式是一次变革的开始，它从电子商务的层面进行了很多创新的尝试，它是阿凡达重新定义互联网、引导变革的一块敲门砖。阿凡达设想了未来互联网为人类社会带来变革的样子，并把这一预判加入实体的模式中，从而形成了

“人人电商”的模型。

本书详细为读者介绍了这个模型，希望能够带给读者一些有关未来互联网发展所带来变革的启示。阿凡达思维中对未来互联网的勾画是否会成为现实，如今我们还不能确定，但我们可以做的是遵循互联网的发展规律，进行具有互联网发展特征的创新。遵循这样的思维就会让我们距离未来更近一点，也距离成功更近一点。

www.ingramcontent.com/pod-product-compliance
Ingram Content Group UK Ltd.
Pitfield, Milton Keynes, MK11 3LW, UK
UKHW062307290726
14090UKWH00018B/922